# 世界の頂点

10分で読める
オリンピック・
パラリンピック物語

大野益弘
［編著］

あかね書房

CONTENTS

# 第1章
# 氷上の「絶対王者」

フィギュアスケート

# 羽生結弦

2014年ソチ大会　フィギュアスケート男子シングル／金

2018年平昌大会　フィギュアスケート男子シングル／金

# 氷上の絶対王者

「ユヅル・ハニュウ」

名前がコールされ、リンクにさっそうとあらわれた、華《はな》やかな姿。

何千もの観客の視線がそそがれ、会場をゆるがす大歓声《かんせい》がわきおこる。

チャンピオンの風格がただよう、圧倒《あっとう》的な存在感だ。

いくつもの国際大会で優勝。

2大会連続でオリンピックの金メダルをかくとくした羽生《はにゅう》結弦《ゆづる》。

日本がほこる、氷上の「絶対王者《ぜったいおうじゃ》」。

世界じゅうのオリンピアンたちからも尊敬されている。

だが、栄光のかげで、たび重なるケガともたたかってきた。

そしておおくの試練やプレッシャーをのりこえるたびに、いっそう強さとかがやきをましてきた。

その姿はひとびとの心に感動をよび、勇気をあたえてくれる。

# 19歳《さい》の挑戦《ちょうせん》

「オリンピックの華《はな》」ともよばれるフィギュアスケート。

日本でも人気が高い競技だ。

音楽にあわせてジャンプ、ステップ、スピンなどをくりひろげ、それぞれの技の正確さや美しさを採点する。

完成度の高いジャンプを、ミスなく決める技術。

ひとつの作品としてプログラムを演じる豊かな表現力。

そして選手としてのオリジナリティが求められる。

広いスケートリンクを、細いブレードのスケートぐつで、時には自転車を全力でこぐくらいの速いスピードで滑走《かっそう》する。

はげしいスポーツであると同時に、ダンスやバレエのような芸術性も必要となる。

羽生結弦《はにゅうゆづる》は日本の若きエースとして、髙橋大輔《たかはしだいすけ》、町田樹《まちだたつき》とともに２０１４年ソチ冬季オリンピックのフィギュアスケート男子シングルの代表に選ばれた。

前年の全日本選手権で連覇《れんぱ》を達成した19歳《さい》の羽生《はにゅう》にとって、はじめてのオリンピックだ。

## かんぺきな演技

まだあどけなさの残る表情で、
「10代のオリンピックも、はじめての経験なので、楽しもうとおもっています」
と語っていた。
2月13日の、ショートプログラム。
羽生《はにゅう》は、淡《あわ》いブルーのシャツにスパンコールをちりばめた衣装で登場した。
スタート位置で、ふうと小さく息をはき、口もとに笑みをうかべてポーズをとる。
「パリの散歩道」のイントロが流れると、ゆっくりとしたリズムで演技がはじまった。
音楽にピタリと合った、流れるようなスケーティング。
そして最初のジャンプは、大技の4回転トーループだ。
左足のつまさきをついて力強くとびあがり、すばやく回転。

第１章　氷上の「絶対王者」

# 羽生結弦

右足できれいに着氷した。

羽生《はにゅう》のジャンプは、ジャンプする前にただまっすぐすべるだけの助走をしない。

スピードにのったターンやステップから、かろやかにとびあがる。

そのため、演技はとぎれることがない。

まるで全身で音楽をかなでるように、なめらかなスケーティングができるのだ。

つかれがましてくる後半のジャンプは、基礎《きそ》点が１・１倍と高くなる。

とくいのトリプルアクセル、つづいて３回転＋３回転のコンビネーションジャンプもダイナミックに決める。

体のじくがブレない安定したスピンや、足さばきの細やかなステップもみごとだ。

最後のコンビネーションスピン、そして右手を高くつきあげるフィニッシュポーズ。

ほぼノーミスのかんぺきな演技を終えて、大きく息をはずませる羽生《はにゅう》。

## 世界歴代最高得点

「やるべきことはやった」という達成感にみちていた。

このクールなプログラムの得点が表示されると、会場がどよめいた。

「１０１・45」。ショートプログラムでの、はじめての１００点ごえ。

すなわち、世界歴代最高得点をたたきだしたのだ。

競技を終えた選手とコーチがならんで採点結果をまつ「キス・アンド・クライ」にすわっていた羽生《はにゅう》は、両手をぐっとにぎりしめる大きなガッツポーズで、喜びをあらわした。

## 日本にはじめての金メダル

フリースケーティングは、翌日の14日。

昨日のショートプログラムとの合計点で、最終の順位が決まる。

現在、首位に立っている羽生《はにゅう》には、当然、金メダルの期待がかかる。

だが周囲の大きすぎる期待や応援《おうえん》は、時に重圧となって選手にのしかかる。

キラキラとかがやくカラフルなラインストーンや、白いドレープ衣装に身を包んだ羽生《はにゅう》は、大きなプレッシャーを感じながら演技にのぞんだ。

# 羽生結弦

フリーの曲は、「ロミオとジュリエット」。

するといきなり、大きな得点源となるはずの４回転サルコーで転倒《てんとう》してしまう。

その後のジャンプも失敗。

体もフラつくなど、いつもどおりの演技ができない。

最後は、しゃがんでポーズをとった姿勢のまま、あらい呼吸がつづく。

しばらく動けないほど体力をしょうもうしていた。

「全然、動かなかった。６分間練習から、あせっていた。

自分の演技にまんぞくしていない」

と、自己ベストを大きく下回る１７８・64点にとどまった演技をくやしそうにふりかえった。

しかし、つづくライバルたちの演技にもミスがあいついだ。

優勝候補だったカナダのパトリック・チャンは８本のジャンプのうち４本でミスし、合計２７５・62点。

羽生《はにゅう》の合計２８０・09点にはおよばなかった。

こうして羽生《はにゅう》は、男子フィギュアスケートで、日本にはじめての金メダルをもたらしたのである。

今度こそ、ミスのないかんぺきな演技で、圧倒《あっとう》的に勝ちたい——首にかけられた金メダルを手に、にこやかにほほえみながらも、負けずぎらいの羽生《はにゅう》の心には闘志《とうし》がメラメラと燃えていた。

## お姉ちゃんに負けたくない

羽生《はにゅう》がはじめてアイスリンクに上がったのは、４歳《さい》のとき。フィギュアスケートを習っていた４つ年上の姉の練習についていったのがきっかけだった。

お姉ちゃんに負けたくない。

何度転んでもまた立ち上がり、ジャンプやスピンにチャレンジした。

あこがれのスケーターは、「ロシアの皇帝《こうてい》」とよばれるエフゲニー・プルシェンコだ。同じヘアスタイルにし、表彰《ひょうしょう》台でトロフィーをかかげるカッコいいしぐさのまねをした。

でも、練習はあまり好きではなかった。

放課後は、ランドセルのままリンクに向かって毎日練習。

土日も朝練があるし、友だちと遊べない。

「スケートをやめて、野球をやりたい」と思ったこともある。

## 世界から注目される

それでも「ここまでつづけてきたんだから」とがんばった羽《は》生《にゅう》は、２００４年に全日本ノービス（9～10歳《さい》の大会）で優勝するほどの実力をつけていた。

その後、２００８年には全日本ジュニア選手権で優勝。

２００９年から２０１０年のシーズンではジュニアグランプリファイナルと世界ジュニア選手権の両方で優勝するなど、次つぎとタイトルをかくとくする。

高校生になるとシニア戦にデビュー。

大人のトップスケーターたちときそいはじめた。

２０１１年２月の四大陸選手権では、出場選手でただ１人４回転ジャンプを成功させて２位となり、世界から注目されるようになっていった。

# 自分だけスケートを
# やっていいのか

２０１１年3月11日。この日もアイスリンク仙台《せんだい》で練習にはげんでいた羽生《はにゅう》は、とつぜんはげしいゆれにおそわれた。

リンクは波うち、かべには大きなヒビが入る。

両手をついて、スケートぐつをはいたままリンクをとびだし、外へとにげた。

東北地方を中心に大きな被害《ひがい》を出した、東日本大震災《しんさい》。

自宅もすべてこわれ、家族とともに避難所《ひなんじょ》で４日間を過ごした。

仙台《せんだい》のリンクは閉鎖《へいさ》。

かつてのコーチをたよって、横浜《よこはま》市の神奈川スケートリンクで練習を再開することにした。

だが、仙台《せんだい》をはなれるときに涙《なみだ》を流した羽生《はにゅう》の心のなかでは震災《しんさい》の風景が消えず、

「自分だけスケートなんかやっていて、いいのだろうか」

というおもいにとらわれていた。

## スケートでこたえたい

そんなとき、かつて震災《しんさい》を経験した神戸でのチャリティーショーに出演した。

オリンピックのメダリストである髙橋大輔《たかはしだいすけ》や荒川静香《あらかわしずか》たちといっしょだった。

自分の演技によせられる観客のあたたかい拍手《はくしゅ》や応援《おうえん》の声に包まれた羽生《はにゅう》は、

「自分にできることは、スケートで期待にこたえることだ」

と気づいた。

「見てくれる人の力になれるよう、すべりつづけよう」

と、決意をあらたにしたのだった。

60回におよぶ復興支援《しえん》アイスショーで全国をめぐりながら練習を積み、２０１２年３月には初出場の世界選手権で銅メダルをかくとくした。


その後、羽生《はにゅう》はさらなる成長を求めて、カナダのブライアン・オーサーのコーチの指導をあおぐためにトロントへわたった。

そして技術をみがき、さらに実力をつけ、すばらしい演技で世界をおどろかせつづけることとなったのである。

## 体重の5倍以上の衝撃《しょうげき》

２０１８年平昌《ピョンチャン》大会が近づくころ。

男子シングルは「４回転時代」をむかえていた。

ジャンプの種類は、得点が高い順から「アクセル、ルッツ、フリップ、ループ、サルコー、トーループ」。

より難しいとび方や、複数の４回転にいどむ10代の若い選手が増えてきたのだ。

ソチ大会以来、世界最高得点を何度も更新《こうしん》してきた羽生《はにゅう》を中心に平昌《ピョンチャン》大会ではハイレベルな戦いが予想された。

平昌《ピョンチャン》大会の３か月前、２０１７年11月。

大阪でおこなわれるＮＨＫ杯《はい》の試合前日の練習。

羽生《はにゅう》は４回転ルッツの着地で転倒《てんとう》し、右足首を痛めてしまった。

勢いよくジャンプして、わずか0・7秒の間に4回転もしたあと着氷する右足には、体重の5倍以上の大きな衝撃《しょうげき》がかかるという。

体のじくや、ふみきりのタイミングがほんの少しズレただけで、転倒《てんとう》したり、ケガにつながってしまうのだ。

診断《しんだん》結果は、右足首のじん帯損傷《そんしょう》。

腱《けん》や骨にも炎症《えんしょう》があるほどの大ケガで、羽生《はにゅう》は松葉杖《づえ》をついて会場をあとにした。

## 不屈の闘《とう》志《し》

これまでの実績《じっせき》から、田中刑事《たなかけいじ》、宇野昌磨《うのしょうま》とともに日本代表に選ばれた羽生《はにゅう》。

だが、2か月も氷の上に乗ることすらできず、陸上でのトレーニングとリハビリの日々がつづいた。

ジャンプの感覚を忘れないよう、試合での自分の映像をくり返し見たという。

痛みどめの薬を飲んで、やっと氷上練習をはじめられたのは、年が明けた1月の第2週から。

4回転ジャンプがふたたびとべるようになったのは、オリンピック本番のわずか2週間前のことだった。

羽生《はにゅう》のケガは治るのか。体力や筋力はもどるのか。

そんな不安から、金メダルはおろかオリンピック出場さえあやぶむ報道すらあった。

それでも羽生《はにゅう》は、勝利への強い気持ちを胸に、平昌《ピョンチャン》のリンクに立った。

## 王者の意地

2月16日、ショートプログラム。

曲は、ショパンの「バラード第1番」。

ポーン……と、ピアノの音がリンクにひびきわたる。

目を閉じていた羽生《はにゅう》が、しっとりとした曲調にあわせてゆっくり首を回し、静かにすべりだした。

日本じゅうが祈《いの》るような気持ちで見守るなか、最初の4回転サルコーがきれいに決まる。おりたあとの流れもスムーズだ。

つづいてトリプルアクセル、そして4回転＋3回転の連続ジャンプも決まった。

音楽と調和した美しいステップ。

ケガの影響《えいきょう》をまったく感じさせない。

世界じゅうに王者の復活を印象づける、みごとなスケーティングだった。

「強い羽生《はにゅう》がもどってきました。なんという精神力、なんという高い技術。

やはり彼《かれ》は王者でした。異次元の強さです」

と、テレビの実況《じっきょう》も興奮《こうふん》ぎみだ。

美しいジャンプには高いできばえ点がつき、111・68という高い得点で1位となった。競技後のインタビューで、羽生《はにゅう》は、こう答えている。

「4年前の（ソチの）フリーのリベンジをしたいという気持ちが強いです。

2か月すべれなかった間もしつづけた努力を、しっかりと結果として出したいです」

## SEIMEIの鼓動《こどう》

翌日の、フリースケーティング。

衣装は、平安時代の陰陽師《おんみょうじ》、安倍晴明《あべのせいめい》をイメージした和風のもの。

おごそかに「SEIMEI」を舞《ま》いはじめる。

高さや回転によゆうがある4回転サルコー、4回転トーループを次つぎと決める。

ひとつひとつの音色にあわせた、指先まで美しく優雅《ゆうび》な動き。

おもいをこめて、ていねいにすべっていく。

後半の4回転サルコー＋3回転トーループも決まったが、次の連続ジャンプは着氷が乱れて、単独の4回転トーループになってしまった。

落ち着いて頭の中でジャンプの構成を組みなおす。

次のトリプルアクセルにシングルループと3回転サルコーをつけて3連続ジャンプとし、ミスをばんかいした。

今回は自分に勝てた

最後の3回転ルッツで大きくバランスをくずしてしまう。

だが、痛む右足でぐっとこらえた。

力強いステップを、観客も大きな手拍子《びょうし》で盛り上げる。

右足のつま先を氷にダンッと打ちつけ、両手を広げてフィニッシュ。

ポーズを決めると、羽生《はにゅう》は右手を高くつきあげ、「勝った！」と大きな声で何度もさけんだ。

そして最後までもちこたえてくれた右足にそっと手をふれ、いたわった。

「勝った、とおもいました。今回は自分に勝てたって。自分の感情が爆発《ばくはつ》したような試合でした」と、のちのインタビューでこたえた。

フリーの得点は、２０６・17。ショートとあわせて３１７・85の高い得点をマークした。

つづくスペインのハビエル・フェルナンデス、宇野昌磨《うのしょうま》も追いあげるが、羽生《はにゅう》の得点にはおよばない。

こうして連覇《れんぱ》を達成した羽生《はにゅう》の目には、うっすらと涙《なみだ》がうかんだ。

「小さいころからの夢を実現するために、苦労がたくさん必要だった。今まで人生をスケートにかけてきてよかった」

勝利にこだわり、自分が納得できる演技で、つかみとった金メダル。

大きなケガという壁《かべ》にぶつかっても、努力し、自分を信じることで逆境をのりこえた王者の勇姿《ゆうし》は、世界じゅうのひとびとの心をふるわせた。

4月に地元の仙台《せんだい》でおこなわれた祝賀パレードでは、およそ10万8000人ものひとびとが羽生《はにゅう》に手をふり、「おめでとう」と祝福したのだった。

## 自分をもっと超《こ》えたい

平昌《ピョンチャン》大会から約1年後。

2019年3月に埼玉でおこなわれた世界フィギュアスケート選手権。

11月のロシア杯《はい》で右足首をふたたび痛めていた羽生《はにゅう》は、約4か月ぶりの試合にのぞんだ。

ショートプログラムでの4回転サルコーの失敗がひびく。

気迫《きはく》のこもったフリースケーティングでまきかえしをはかるも銀メダル。

ほぼかんぺきな演技を披露《ひろう》したネイサン・チェンが、金メダルにかがやいた。

試合を終えて、くやしさをにじませつつも、羽生《はにゅう》の表情はすがすがしい。

「みんな、技術がどんどん高くなって、4回転の種類の壁《かべ》を超《こ》えてきている。

やっぱり、自分をもっと超《こ》えたい。

彼《かれ》らがノーミスでも、かんぺきな演技をしても、どんな状況《じょうきょう》でもぼくがクリーンな演技をしたら絶対に勝てるという状態を目指してがんばります」


次のシーズンでは、4回転アクセルをとびたいと明言した。

まだだれも成功させたことのない、もっとも難しいジャンプだ。


「これからも、チャンピオンらしくすべりたい。

もっと強くなっていく、向上心を持っていくところも、見ていただけたらな、とおもっています」


自分の限界を高め、はてしない理想を常に追いもとめる。

羽生《はにゅう》結弦《ゆづる》の挑戦《ちょうせん》は、これからもつづいていく。

【参考文献】
『心にのこるオリンピック・パラリンピックの読みもの　1』（学校図書）2016
AERA増刊『羽生結弦　連覇の原動力』（朝日新聞出版）2018

第2章

# 日本中が感動した、白馬の日の丸飛行隊

スキージャンプ

# 長野冬季大会

# スキージャンプ団体

1998年長野大会　スキージャンプ・ラージヒル団体／金

１９７２年札幌《さっぽろ》冬季オリンピック。

スキージャンプ70メートル級（現在のノーマルヒル）で、日本は表彰《ひょうしょう》台をどくせん。

同時に３本の日の丸をかかげた。

そのときのメンバーをひとびとは「日の丸飛行隊」とよんだ。

それから26年、１９９８年長野冬季オリンピックでは、スキージャンプの団体に、金メダルの期待がかかっていた。

だが国民は４年前、あと一歩のところで金メダルをのがしたことをおぼえていた。

そのため、「今回こそ金だ！」「今回もだめかも……」などと、複雑な気持ちで日本チームを応援《おうえん》していた。

## ふだんの原田《はらだ》なら飛べる

４年前。

１９９４年リレハンメル冬季オリンピックのスキージャンプ・ラージヒル団体。

１９９８年の長野と同じ種目だ。

# 長野冬季大会　スキージャンプ団体

この大会に、日本は西方仁也《にしかたじんや》、岡部孝信《おかべたかのぶ》、葛西紀明《かさいのりあき》、原田雅彦《はらだまさひこ》の４人でのぞんだ。

ライバルのドイツは全員がダイナミックなジャンプをする。

日本は西方《にしかた》、岡部《おかべ》、葛西《かさい》が、ドイツを上回る大ジャンプをみせ、Ｋ点ごえを連発した。

美しいフォームで飛型点も高い。

ドイツの４人目、バイスフロクが最後にきれいなジャンプを決めた。

だが、日本の３人のここまでのポイントはドイツを大幅《はば》に引きはなしていた。

原田《はらだ》が失敗せずに１０５メートル以上飛べば、日本は金メダルをかくとくできる。

１０５メートルという飛距離《きょり》は、ふだんの原田《はらだ》なら問題なく飛べるはずだ。

## だれもが金メダルを確信した

原田《はらだ》の１本目は１２２メートル。

日本のコーチ陣《じん》も、日本のテレビ局や新聞社も、ジャンプ競技場の観客も、そしてテレビで見ていたひとびとも、みんな日本の金メダルを確信した。

すでに飛び終えた３人も、金メダルを手にしたものとおもっていた。

原田《はらだ》が助走を開始する。

そして飛んだ。

だが、いつもの原田《はらだ》の力強さがない。

ジャンプのとちゅうで失速し、落ちてしまったかのように見えた。

テレビのアナウンサーは言った。

「高いジャンプだ！　のびてくる、のびてくる！　落ちません……。おーっと、失速した！　失速しました……」

原田《はらだ》のジャンプは１００メートルにとどかなかった。

## 目の前の金メダルがにげていく

うずくまる原田《はらだ》。

ぼうぜんとする日本の３選手。

日本のひとびとにとっては信じたくない結果だった。

目の前にあった金メダルがにげていき、ドイツの手にわたってしまったのだ。

予想しなかった金メダルに、大声ではしゃぐドイツの４選手。

原田《はらだ》はプレッシャーに勝てなかった。

金メダルのものすごい重圧に耐《た》えることができなかったのだ。

そして日本チームは２位。

テレビを見ていた日本じゅうの視聴者《しちょうしゃ》が落たんした瞬間《しゅんかん》だった。

## 長野大会でのリベンジ

スキージャンプ団体戦では、ワールドカップ国別ポイントの低いチームから順に飛ぶ。

日本は１９９７〜９８年のシーズンで、ワールドカップ国別ポイントで世界トップになった。

そのため長野大会スキージャンプ・ラージヒル団体でのジャンプの順番は最後だ。

国別ポイントの２位はドイツ、３位はフィンランド、４位はオーストリアだった。

2月17日、朝9時の気温はマイナス1・9度。

吹雪《ふぶき》だった。

はげしい雪で視界が悪く、強い風がふいているため飛ぶには危険な状態だ。

開始時刻は9時30分の予定だったが、天気の回復をまつことになった。

試合が開始されたのは、30分おくれの10時。

競技がはじまる。カザフスタン、韓国《かんこく》、アメリカ、ロシア、ポーランド、スイス、チェコ、スロベニア、ノルウェー、オーストリア、フィンランドの順にスタートする。

そして、日本の前は最大のライバルであるドイツの番だ。

ドイツチーム1人目のハンナバルトは、向かい風をとらえてK点をこえてきた。

ジャンプの飛距離《きょり》は風の向きに大きく左右される。

うまく向かい風をとらえることができれば距離《きょり》がのびるが、追い風をうけてしまうと距離《きょり》がのびない。

日本の1人目。

4年前のリレハンメルオリンピックのメンバーだった岡部《おかべ》孝信《たかのぶ》。

しかし、岡部《おかべ》は1997〜1998年のシーズンのワールドカップではいい成績を残せていなかった。

個人の世界ランキングでは35位。

長野大会の他のメンバーである船木和喜《ふなきかずよし》は1位、原田《はらだ》は3位、斉藤浩哉《さいとうひろや》9位とくらべると、その差は大きい。

ひどく調子を落としていたのだ。

岡部《おかべ》は長野大会にのぞむにあたって、コーチやトレーナーといっしょに、以前ワールドカップで優勝したときのビデオを何度も見た。

好調だったころの映像を見ることで、その当時の感覚をとりもどそうとした。

## 岡部《おかべ》の奮闘《ふんとう》

ジャンプがうまく飛べるかは、体力や体調もだいじだが、心の問題も大きい。

うまく飛べると考えることによって、スランプをのりこえ、自分の思った通りのジャンプができるようになることがある。

そうしたイメージトレーニングの効果があり、岡部《おかべ》はみるみる調子を上げた。

良いフォームで飛べるようになり、飛距《きょ》離《り》ものびた。

国内の大会で順位が上がりはじめた。

その結果、岡部《おかべ》は長野オリンピックの団体メンバーに選ばれるまでになった。

その岡部《おかべ》が助走を開始する瞬間《しゅんかん》、風の向きが変わった。それまでの向かい風が追い風になってしまったのだ。

後ろから風をうけて落ちてしまいそうになったが、岡部《おかべ》はこらえた。

Ｋ点（１２０メートル）をこえる大きなジャンプだった。

岡部《おかべ》は一番手としての任務をきっちりとはたした。

## 風が止まった

２番目は斉藤《さいとう》浩哉《ひろや》。

口数は少なく、けっして派手なパフォーマンスをするタイプではない。

だがやるべきことをきっちりとやるのが彼《かれ》の良さだ。

斉藤《さいとう》も期待にこたえた。

１３０メートルの大ジャンプである。

長野県白馬村にあつまった観客も、テレビ観戦しているひとびとも、このとき、もしかしたら日本が金メダルをとれるかもしれないと考えた。

その期待は3番手への願いになっていった。

3番目は原《はら》田《だ》雅彦《まさひこ》だ。

4年前のリレハンメルオリンピックでは、苦いおもいでがある。

長野大会で原田《はらだ》は、その4年前の失敗をおもいだしてしまった。

ふっきれたとおもっていたのに、悪夢がよみがえった。

忘れたくても忘れられない、いやなおもいで……。

雪はますますひどくなる。

そして、風は止まってしまった。

条件が悪すぎる。

## 原田《はらだ》の失墜

そんなときに原田《はらだ》が助走を開始、そしてふみきった。

アナウンサーが絶叫《ぜっきょう》する。

「あーっと！　原田《はらだ》、のびません！」

原田《はらだ》はストンと落ちた。

距離《きょり》は79・5メートル。

4年前の悲劇と同じような、いや、それより距離《きょり》はのびていない。

観客から悲鳴が聞こえる。

原田《はらだ》の妻が会場から去った。

あとで原田《はらだ》は言った。

「またみんなに迷惑《めいわく》をかけるのではないかとおもいました……」

4年前を知っているすべての日本人が、このとき、くり返される悲劇を予想した。

「また原田《はらだ》が大失敗した。

リレハンメルのジャンプと同じだ。もう金メダルはむりだ……」

4番目は船木和喜《ふなきかずよし》だった。

当時、ジャンプのフォームが世界一美しいといわれていた。

着地はK点の少し手前。

4人が1回目のジャンプを終えた。

このときの日本の順位は、原田《はらだ》の失敗がひびいて4位。
このままでは金メダルどころか、表彰《ひょうしょう》台に立つこともできない。
2回目にかけるしかない。

## 中止にはさせない

全チームの1回目が終わり2回目に入ったとき、競技が中断した。
吹雪《ふぶき》がますますひどくなったためだ。
予定どおり競技が再開されればいい。
だが、悪天候で競技中止になったら……。
現在の4位が、日本の最終順位になってしまう。
チームにとって、それだけはさけたい。
逆転するためには、天候が回復してくれなくてはこまる。
選手もコーチも、ひたすら天候の回復を祈《いの》った。
「神様、チャンスをください」

吹雪《ふぶき》はなかなかおさまる様子がない。

ジュリーとよばれる審判《しんぱん》委員が話しあう。

その結果、テストジャンパーに飛んでもらうことに決まった。

テストジャンプを見て、競技が再開できるかどうかを判断しよう、ということになったのだ。

日本の25人のテストジャンパーは、立派に飛んだ。

まだ吹雪《ふぶき》はつづいていたものの、テストジャンパーはかろうじて競技は続行可能であることを、命がけで証明してくれたのだ。

## 夢が、遠ざかっていく

日本チームにとっては、なくなりかけたリベンジの機会。

メダルかくとくのチャンスが、やってきたのである。

1本目のジャンプ失敗で大きなショックをうけていた原田《はらだ》にとって、この中止の時間はありがたかった。

原田《はらだ》の気持ちは少しずつ落ち着いていった。


２本目がはじまった。

トップの岡部《おかべ》も４年前をおもいだしていた。

リレハンメルで、目の前にあった金メダルがにげていったとき。

岡部《おかべ》は原田《はらだ》に言った。

「金メダルは４年後にとっておこう」

だが、その夢が、約束が、ふたたび遠ざかっていく……。

テストジャンパーが飛んでいるとき、控室《ひかえしつ》にいた岡部《おかべ》は、観客のおおくは帰ってしまったとおもっていた。

「競技が中断するほどの猛吹雪《もうふぶき》だから、しかたがないよな」

## 燃えたぎる心

だが、部屋から出てジャンプ台の上に立ったとき、岡部《おかべ》はおどろいた。

観客の数がまったく減っていなかったのだ。
うなるような大勢の観客の声援《せいえん》が、岡部《おかべ》の心に火をつけた。
岡部《おかべ》は強い決意で２本目の助走をはじめた。
風もいい。向かい風だ。
低い姿勢から前へ飛びだした岡部《おかべ》は、なかなか着地しない。
そのままどこまでも飛んでいくのではないかと思ったとき、ようやく着地した。
距離《きょり》は１３７メートル。
白馬のラージヒルジャンプ台での、最高記録だった。

## 原田《はらだ》、２本目のジャンプ

この岡部《おかべ》の大ジャンプがつづく３人に勇気をあたえた。
応援《おうえん》するすべての日本の人たちの心も元気にした。
２人目の斉藤《さいとう》が飛んだとき、風向きが変わった。
ジャンプが不安定になる横風だ。

だが斉藤《さいとう》はこらえた。しっかり飛んでＫ点をこえてきた。
きれいに着地して、笑顔で手をふる。
そして３人目は原田《はらだ》だ。
日本の金メダルは原田《はらだ》のジャンプにかかっていたと言ってよい。
４年前のリレハンメルでは２本目で失敗。
そしてこの長野では１本目で失敗。
この２本目はどうなるのか。また失敗で終わるのか。
それとも実力通りの大ジャンプを見せてくれるのか。
みんなが祈《いの》りながら注目していた。
選手たちも、コーチやスタッフも、観客も、テレビを見ている人たちも……。

## 執念《しゅうねん》のＫ点ごえ

原田《はらだ》の助走がはじまった。
天候は回復していない。あいかわらずの吹雪《ふぶき》だ。

だが、今度は風が悪くない。
Ｋ点以上飛べば、金メダルを手に入れることができる。
原田《はらだ》が飛びだした。タイミングも飛びだしの方向もみごとだった。
遠くへ、遠くへ、原田《はらだ》は飛んでいった。遠くへ、遠くへ……。
「高いっ！　高くて、高くて！　いったーっ！　大ジャンプだーっ！」
この日一番のアナウンサーの絶叫《ぜっきょう》だった。
着地したのは、１人目の岡部《おかべ》と同じ１３７メートル地点だった。
原田《はらだ》本来の豪快なジャンプが、オリンピックでひさしぶりに見られた瞬間《しゅんかん》だった。

## 船木《ふなき》への涙《なみだ》

笑顔の原田《はらだ》がまっていた岡部《おかべ》とだきあう。
原田《はらだ》の目からは涙《なみだ》がこぼれていた。
笑いながら泣いていた。涙《なみだ》をためた目でジャンプ台を見上げる。
ここで日本がトップに立った。あとは船木《ふなき》がしっかり飛んでくれればいい。

そうすれば念願の金メダルだ。
原田《はらだ》は祈《いの》った。「ふなき〜」と泣きながら祈《いの》った。

４人目のジャンプがはじまる。
この時点での順位は、１位日本、２位ドイツ、３位ノルウェー、４位オーストリア。
日本の前にドイツが飛んだ。Ｋ点をわずかにこえる。
みんながジャンプ台の上にいる船木《ふなき》に注目した。
船木《ふなき》が１１５メートルをこえれば日本が優勝する。
船木《ふなき》は最終ジャンパーとしての責任を感じた。
そして、船木《ふなき》は４年前に失敗した原田《はらだ》のことを考えていた。

## 自分を信じて、飛ぶ

「だめだったらどうしよう……。
４年前の原田《はらだ》さんはこんな気持ちだったのだろうか」

心配する気持ちをふりはらって、船木《ふなき》は力強く飛びだした。

美しく飛んで、しっかり距離《きょり》をのばしてきた。

１２５メートル。

そのとき、日本の優勝がきまった。

## 純白の山にひびく歓声《かんせい》

電光掲示板《でんこうけいじばん》の一番上に「ＪＡＰＡＮ」の文字を確認した岡部《おかべ》、斉藤《さいとう》、原田《はらだ》が、おりてきた船木《ふなき》にかけよる。

４人でだきあって雪の上をころげまわった。

会場をうめつくした観客は大声でバンザイをさけぶ。

頭にかぶったフードを雪で真っ白にしたまま、おとなも子どももみんな最高の笑顔だ。

だれがどこから持ってきたのか、「金星丸」と書かれた大きな大漁旗がふられていた。

４人が勝ちとったのは、まさに感動の大金星だ。
降りしきる雪のなか、４人は喜びながら泣いていた。
涙《なみだ》は少しずつ笑顔にかわる。
大歓声《かんせい》が純白の白馬の山々にひびく。
それはいつまでもつづいていた。

【参考文献】
『誰よりも遠くへ』折山淑美（集英社）１９９８
『長野冬季オリンピック全紙面』（朝日新聞社）１９９８
「ヒーローたちの名勝負『第四の男が引きよせた金　長野五輪ジャンプ団体』」（ＮＨＫ総合テレビ）２０１４

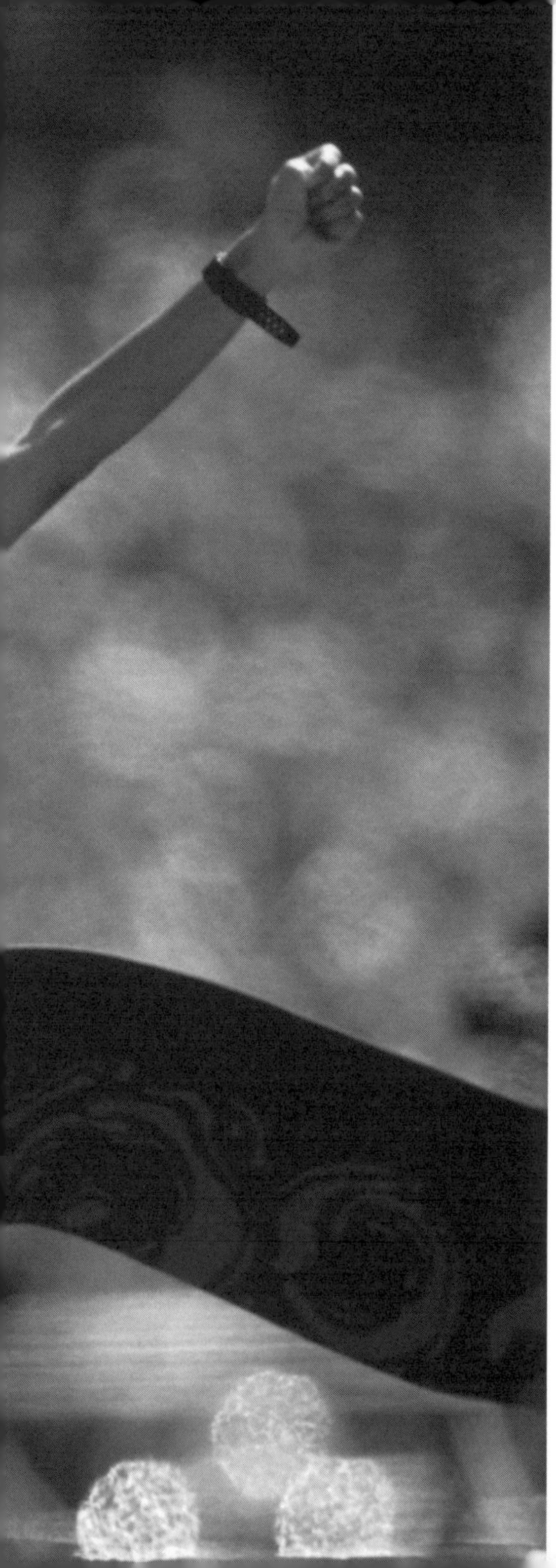

# 第3章

# さわやかな風になって、笑顔でかけぬけた42キロ

マラソン

# 高橋尚子

2000年シドニー大会　マラソン女子／金

南半球のオーストラリアでおこなわれた、２０００年シドニー大会。

日本との時差は、わずか２時間だったため、日本じゅうのおおくのひとびとが連日テレビのライブ中継《ちゅうけい》に見入り、選手たちの活躍《かつやく》にわいていた。

そして、開催《かいさい》日程のなかばをすぎた、９月24日。

１人の女子マラソン選手が、日本の陸上競技の歴史を大きく変えた。

「２時間23分14秒」のオリンピック最高記録をたたきだし、女子ではじめての金メダリストとなった、高橋尚子《たかはしなおこ》だ。

## ごはん・おもち・カステラ

女子マラソンのスタート時間は、午前９時。

それにあわせて、高橋《たかはし》は午前３時に起床した。

ぐっすりねむれたおかげで気分がいい。

朝食は、ごはんと、おもちと、カステラだ。

これが試合用の特別メニュー、いわゆる勝負メシなのだ。

走るためのエネルギーが長持ちするよう、炭水化物をおおくとりいれた。

晴れわたった青空のもと、もうすぐレースがはじまる。

オリンピックの大舞台《ぶたい》だ。

プレッシャーで、かたい表情の選手が多い。

そんななか、スタート地点での高橋《たかはし》は、ひときわ目をひいた。

お気に入りのノリのいい曲をイヤホンで聴《き》く。

リズムにあわせて楽しそうに体を動かしている。

緊張《きんちょう》しないんですけど、
いいんでしょうか？

「はやく、走りたい」

レース当日だというのに、ぜんぜん緊張《きんちょう》を感じない高橋《たかはし》は、小出義雄《こいでよしお》監督《かんとく》に、こう聞いていた。

「緊張《きんちょう》しないし、盛り上がってもこないんですけど、いいんでしょうか？」

監督《かんとく》はアハハと大きく笑いながら、「いいんだよ、それで！」と力強くこたえた。

かわいた号砲《ごうほう》とともにレースがはじまった。

前半はスローペースで進んでいく。

日本から出場した3人の選手、高橋尚子《たかはしなおこ》、市橋有里《いちはしあり》、山口衛里《やまぐちえり》は、先頭からはなれた第2集団にいた。

マラソンでは走りながら水分を補給する。

調子よく走っていた高橋《たかはし》。

だが、15キロ地点で給水を取り忘れてしまった。

次の給水ポイントでも、ミネラルウォーターをとることができなかった。

しかしレースでは、止まったり、もどったりするわけにはいかない。

## おもいやるよゆう

近くを走っていた山口《やまぐち》は、そんな高橋《たかはし》に気づくと、自分のミネラルウォーターのボトルを高橋《たかはし》に回した。

「ありがとう」

自分もいっしょうけんめい走っているのに、チームメイトをおもいやってくれるやさしさがうれしい。

水といっしょに、勇気もわたしてもらったような気がした。

ふと見ると、自分の前を走っている市橋《いちはし》も、水をとりそこねていた。

山口《やまぐち》からもらったミネラルウォーターを半分ほどのんだ高橋《たかはし》は、

「じゃあ私は、市橋《いちはし》さんに、この残りをわたそう」

と考えた。

追いつくためには、すこしスピードを上げなくては……。

勢いをつけて前に出て、市橋《いちはし》にボトルをわたすと、気持ちがあたたかくなり、体も軽くなったように感じられた。

そのまま、1回目のスパートをする。

ロルーぺはいないよ！

しだいに集団がばらけて、たてに長くなってくる。

20キロをすぎたころには、高橋《たかはし》、市橋《いちはし》、そしてルーマニアのリディア・シモンの3人がトップグループをつくった。

山口《やまぐち》はおくれはじめた。

22キロ地点で、

「ロルーペはいないよ！」

という、小出監督《こいでかんとく》の声が聞こえた。

ケニアのテグラ・ロルーペは、前の年に世界記録を更新《こうしん》した選手で、トップ争いにからんでくると予想されていた。

その強いライバルがおくれたことを知った高橋《たかはし》は、すこしほっとすることができた。

26キロすぎの坂で高橋《たかはし》がペースを上げると、それまでトップにくらいついていた市《いち》橋《はし》がおくれた。

シモンに勝つのは今！

ここから、高橋《たかはし》とシモンの一騎《いっき》打ちがはじまる。

高橋《たかはし》はシモンの実力や走り方を知っていた。

アメリカのボルダーで練習していたときに、彼女《かのじょ》をよく見かけていたのだ。

スピード練習に力を入れていたシモンは、一気にスピードを上げる技術に長《た》けている。

「ロングスパートなら負けない自信があるけれど、最後のトラック勝負にはしたくない。今のうちに、引きはなしておきたい。

もう一度、スピードを上げて、勝負をつけよう」

そう心に決めた。問題は、そのスパートのタイミングだ。

いつ、どうしようか……と考えながら走っていた高橋《たかはし》だったが、一方で、勝ち負けとはまったく別のことも頭にうかんでいた。

走ることが純粋《じゅんすい》に楽しい

「できることなら、このまま走りつづけたい。

20キロでも30キロでも、ずっとこのままいきたい」

そこには、競技をこえて、走ることを純粋《じゅんすい》に楽しむ自分の姿があった。
沿道から大きな声援《せいえん》をうけながら、同じペースでひたすら前へ、前へと進んでいく。
ふきわたるさわやかな風とひとつになる感覚だ。
そんなワクワクした気持ちで、シモンと並びながら走る〝２人旅〟を楽しんでいた。
「この楽しい気分が、ずっとずっとつづけばいいのに」
そう願っても、金メダルを手にできるのは、どちらか１人だけなのだ……。

## 悪条件でアジア最高記録

「Qちゃん」のニックネームでも知られ、陽気なイメージをもつ高橋《たかはし》。
だが、シドニー大会の出場をつかみとるまでは苦難の連続だった。
高橋《たかはし》が世界から注目されたのは、シドニー大会の２年前。
１９９８年12月に、タイのバンコクでおこなわれたアジア競技大会だった。
12月だというのに32度という猛暑《もうしょ》。
湿度《しつど》も高くジメジメした最悪のコンディション。

だが、高橋《たかはし》はハイペースの走りを見せた。

スタートしてすぐにトップになり、そのまま1人旅。

終わってみれば、2位の選手に13分もの差をつけて、2時間21分47秒というアジア最高記録で優勝したのだ。

これは、当時の歴代マラソン記録の5位の記録だ。

涼《すず》しい時期ならともかく、猛暑《もうしょ》でこのタイムは考えられなかった。

あまりに速すぎて、係員がフィニッシュテープを用意するのが間に合わなかったほどだ。

この活躍《かつやく》がきっかけとなり、次のオリンピックの金メダル最有力候補として、世界じゅうに名前が知られるようになった。

今回は、あきらめよう

2000年シドニー大会にでるためには、日本国内で代表選手に選ばれなければならない。

ひとつめのチャンスは、スペインのセビリアでおこなわれる1999年世界陸上で優勝することだ。

だが、「勝たなきゃいけない」というプレッシャーで、不安な気持ちになった高橋《たかはし》の足を、痛みがおそう。

左足のひざがはれて、炎症《えんしょう》をおこしてしまったのだ。

「このレースで、オリンピック出場を決めたい」

とねがったものの、当日の朝になっても足の痛みは消えないままだ。

小出《こいで》監督《かんとく》に相談した。

高橋《たかはし》の足の状態を見た監督《かんとく》は、

「今回は、あきらめよう」

と声をかけた。

おねがいします。出させてください！

これ以上ケガが悪くならないようにとの、冷静な判断だった。

いつもきびしくもあたたかく指導してくれる。

だから、いつも信頼《しんらい》している。

……そんな監督《かんとく》からの言葉。

でも、このときの高橋《たかはし》は、素直にしたがうことができなかった。

泣きながら体をふるわせて、

「監督《かんとく》、おねがいします。出させてください！」

と必死にうったえつづける。

そんな高橋《たかはし》に、監督《かんとく》は語りかけた。

「おまえは山をのぼってきた。だが、吹雪《ふぶき》で前が見えない。だったら、いったん山をおりて、もっと天気のいいときに、もっと高い山に登るんだ。そうすれば、もっとすばらしい景色が見えてくる」

それでも涙《なみだ》を流しつづける高橋《たかはし》に、監督《かんとく》はきっぱりと、こう言った。

「いいか、おれはかならず、おまえをオリンピックにつれていってやるから、安心しろ！」

その言葉で、なんとか落ちつきを取りもどした高橋《たかはし》は、世界陸上の欠場を決めて、次のチャンスにかけることにした。

２つめのチャンスは、シドニー大会と同じ年、２０００年１月におこなわれる大阪国際女子マラソンだ。

しかし、前の年の10月に出場したハーフマラソンで転倒《てんとう》して手首を骨折してしまい、しばらくは走れない。

このレースにも出られなくなってしまう。

## 痛みで歩くことさえできない

３月におこなわれる名古屋国際女子マラソン。

これが、本当に最後のチャンス。

ところが、２月にまたしてもアクシデントが起きる。

今度は夜中にお腹がはげしく痛んだのだ。

痛みでふらふらになり、そのまま入院することになる。

ドーピング検査にひっかかりたくない。

だからと、痛み止めは打たずに点滴《てんてき》でしのいだ。

3日後に退院できたものの、その2日後には公開練習がせまっていた。
もしうまく走れなかったら……。
新聞やテレビで「高橋《たかはし》は調子が悪い」と報道されてしまうだろう。
みんなにも心配をかけてしまう。
まだ腹痛は完全には治っていない。
わずか100メートルすら、歩くことができない……。

そんな苦しい体調でむかえた、公開練習当日。
カメラをむけられた高橋《たかはし》は、痛みをこらえながら走りはじめ、なんとか40キロを走りきった。

とても苦しかったこの経験は、
「あんなにつらくても走れたのだ」
と、高橋《たかはし》の自信になった。
本番の名古屋国際女子マラソンでは、2時間22分19秒の大会新記録。
みごとに優勝。
ついに念願のオリンピック代表入りをはたしたのである。

# サングラスをはずしてギアチェンジ

そしてシドニー大会。

高橋《たかはし》は勝負にでた。

34キロをすぎたところで、かけていたサングラスをはずして道に投げた。

それが、ギアチェンジの決意と合図だったのだ。

じつは、そのタイミングは、ぐうぜんによるものだった。

ちょうどその場所で、父が応援《おうえん》してくれているのが見えた。

そのとき、

「そうだ、サングラスをひろってもらおう」

と考えたのだ。

レース中に高橋《たかはし》がスポーツ用のサングラスをかけていた理由は、３つある。

強い紫外線《しがいせん》から、目を守るため。

視界をすこし暗くすると落ちつけるので、集中できるため。

他の選手に、自分の苦しい表情を見せないため。

しかも、サングラスをはずしたときには、頭がスッキリして、うまく気持ちを切りかえることができるという。

スパートをかけるきっかけとして、とても役に立つのだ。

父は、道の左側にいた。

シモンのすぐ右側を走っていた高橋《たかはし》は、自分が投げたサングラスがシモンにぶつかったり、走路をじゃましたりしないようにと、２、３歩前に出た。

ポイッとうまく投げられた……。

そう思ったサングラスは、なんと並走していたオートバイに当たってはねかえってしまった。

このとき、

「あっ、もどってきちゃった」

と思えるほど、心によゆうがあった。

高橋《たかはし》は、シモンがすこしはなれたこともしっかり見ていた。

「今が、チャンスだ！」

そして、ごく自然に、スパートすることができたのだ。

この瞬間《しゅんかん》、うまく運を引きよせた高橋《たかはし》に、勝利の女神がほほえみかけたようだった。

シドニー大会のマラソンコースは、レースの後半に坂が多い。

いくつもの上りと下りがつづく。

高橋《たかはし》は坂を走るのがとくいだった。

アップダウンを利用しながら、いっきにペースを上げて相手をふりきるパターンだ。

このときも上り坂で加速して、シモンとの差をひろげていった。

40キロ地点まできたとき、後ろをふりかえるとシモンの姿はもう小さくなっていた。

ここからはもう、高橋《たかはし》の独走だ。

他の選手の足音や息づかいは、まったく聞こえてこない。

耳をすりぬける風の音、沿道の応援《おうえん》の声が心地よい。

ついに、だれよりも先にオリンピックスタジアムに入った。

トップでマラソンゲートをくぐった高橋《たかはし》の目にとびこんだのは、スタンドをうめつくす大勢の観客だ。

そして勝者の健闘《けんとう》をたたえる大歓声《かんせい》と、ひびきわたる大きな拍手《はくしゅ》。

いくつものことなる音と声、そして風が波のようにおしよせて、高橋《たかはし》の全身を包みこんだ。

これこそ、まち望んだ瞬間《しゅんかん》だった。

## 大歓声《かんせい》に包まれる感動

かつて名古屋国際女子マラソンで優勝したとき、トラックに走りこんだ瞬間《しゅんかん》、圧倒《あっとう》されるような大歓声《かんせい》に包まれた。

あの感動を、今度はオリンピックで味わいたい。

そう夢見ていたのだ。

トラックを走る高橋《たかはし》を、けんめいにシモンが追いあげるが、もうとどかない。

高橋《たかはし》は両手を大きく広げると、笑顔で、あざやかなブルーのフィニッシュテープを切った。

タイムは、２時間23分14秒。

なんと、オリンピック最高記録だ。

日本のオリンピック陸上競技史上、高橋《たかはし》は女子ではじめての金メダリストになったのだ。

# 何も咲《さ》かない寒い日は

42・１９５キロもの長い距離《きょり》を、２時間以上も走りつづける。

マラソンは、とても過酷《かこく》なスポーツだ。

真夏の炎天下《えんてんか》や、雨や雪が降って気温がとても低いときなど、きびしい気象でのレースもある。

きたえぬいたアスリートでも完走することができず、とちゅうで体調をくずして、棄権《きけん》してしまうことさえある。

ところが全力をつくしてゴールにかけこんだはずの高橋《たかはし》は、たおれこむどころか、おどろいたことにつかれた表情をまったく見せない。

にっこりと笑顔で優勝インタビューにこたえると、その言葉にまた日本じゅうがおどろいた。

「すごく楽しい、42キロでした！　どうもありがとうございました」

走ることを心から楽しんで、応援《おうえん》に感謝する姿に、見ているほうもつられて思わず笑顔になる。

金メダリストのさわやかな笑顔と、はきはきとした言葉は、おおくのひとびとの心に感動を生んだのだ。

高橋《たかはし》が、大切にしている言葉（座《ざ》右《ゆう》の銘《めい》）がある。

「何も咲《さ》かない寒い日は、下へ下へと根をのばせ。やがて大きな花が咲《さ》く」

この言葉のとおり、たくさんの努力と苦労を重ねてきた。

それが自分にとって栄養となり、ついに「金メダル」という大きな花を咲《さ》かせることができたのだった。

【参考文献】
『オリンピック　ヒーローたちの物語』大野益弘（ポプラ社）2012
『心にのこるオリンピック・パラリンピックの読みもの　1』（学校図書）2016
『風になった日』高橋尚子（幻冬舎）2001

# 第4章

# 2大会連続で平泳ぎ2種目を制覇した、国民的ヒーロー

競泳

# 北島康介

２０００年シドニー大会　競泳男子　１００ｍ平泳ぎ／４位

２００４年アテネ大会　競泳男子　１００ｍ・２００ｍ平泳ぎ／金、４００ｍメドレーリレー／銅

２００８年北京大会　競泳男子　１００ｍ・２００ｍ平泳ぎ／金、４００ｍメドレーリレー／銅

２０１２年ロンドン大会　競泳男子　４００ｍメドレーリレー／銀

オリンピック２大会連続で、平泳ぎ２種目（男子１００メートル・２００メートル）の金メダルをかくとくした北島《きたじま》康介《こうすけ》。

レース前には集中力を高め、えものをとらえる野獣《やじゅう》のようなするどい目で大勝負にいどむ。

「金メダルをとります」

その発言を現実にした、有言実行の選手だ。

だが強気な言葉の裏では、だれよりも努力をおしまず、きびしい練習を積んできた。記録のすばらしさはもちろん、仲間を大切にし、長年にわたって日本の競泳界をひっぱりつづけた北島《きたじま》は、おおくの選手にとってあこがれの存在だ。

## スイミングキャップを<br>かぶる手がふるえる

２０００年シドニー大会。

高校３年生の北島《きたじま》康介《こうすけ》は、はじめて出場するオリンピックで、わくわくしながら競技にのぞんだ。

男子１００メートル平泳ぎの予選、そして準決勝をよゆうで通過し、むかえた決勝。

さすがに緊張《きんちょう》して、スイミングキャップをかぶる手もふるえるほど、かたくなっていた。

結果は４位、おしくもメダルにはとどかなかった。

「よくやった、康介《こうすけ》」

平《ひら》井《い》伯《のり》昌《まさ》コーチや仲間の選手たちは、「オリンピック初出場で決勝に進み、４位入賞」という好成績を出した北島《きたじま》をほめ、心から喜んだ。

だが、北島《きたじま》の表情は晴れない。

決勝では準決勝のタイムを縮めることができず、２００メートルでは予選落ちしてしまったからだ。

帰国した北島《きたじま》は、空港で、さらにくやしさをおもい知った。

## ３位と４位ではこんなにちがう

テレビや新聞が取材するのは、メダリストだけ。

メダルをとっていない自分には、まったく注目してもらえない。

3位と4位では、こんなにちがうんだ。

ただオリンピックに行ってきただけでは、意味がない――。

そんな北島《きたじま》に、同じスイミングスクールの先輩《せんぱい》の林享《はやしあきら》は、「康介《こうすけ》、おまえは、ここで終わる選手じゃないぞ」と声をかけていた。

## 涙《なみだ》の棄権《きけん》と、おもいがけない光景

その後の北島《きたじま》の成長は、めざましかった。

くやしさをバネに練習にはげみ、翌年の日本選手権で50メートル・１００メートル・２００メートルの３冠《かん》を達成した。

そして、

「オリンピックの借りは、オリンピックで返します」

と、２００４年アテネ大会でのリベンジを力強く宣言したのだった。

しかし、すべてが順調だったわけではない。

２００２年には、ひじの炎症《えんしょう》にみまわれ、８月のパンパシフィック選手権では２００メートルを棄権《きけん》することとなった。

せめてチームメイトの応援《おうえん》をしたいと会場に入った北島《きたじま》は、おもいがけない光景を目にした。

日本チームの仲間たちのキャップには、「Ｋ」という文字が書かれている。康介《こうすけ》のイニシャルである「Ｋ」だ。

みんなは「北島《きたじま》選手といっしょに泳いでいるよ」という気持ちをしめしたのだ。

そのおもいが、うれしかった。

そして、翌月のアジア競技大会では、２００メートルを２分09秒97で泳ぎ、当時の世界記録を10年ぶりに更新《こうしん》して優勝。はじめて世界新記録（ワールドレコード）を打ちたてて、ついに世界の頂点に立った。

さらに快進撃《かいしんげき》は続き、２００３年の世界水泳選手権では、１００メートル59秒78の世界新記録で金メダルをかくとく。

２００メートルでは自分の持っていた世界記録をロシアの選手にぬかれていたが、それを上回る２分09秒42をたたきだして、世界記録保持者の座をうばいかえした。

世界の一流選手たちとの、コンマ数秒をめぐる世界記録更新《こうしん》の戦いはつづいた。

２００４年、アテネ大会の直前には、アメリカのブレンダン・ハンセンが、１００メートル・２００メートルともに北島《きたじま》の持つ世界記録をぬりかえた。

このことで、オリンピックの金メダルにもっとも近いのは、北島《きたじま》よりも、現在の世界記録保持者ハンセンだと予想する声がおおかった。

だが、北島《きたじま》は落ちついていた。

前年の世界水泳選手権でも、自分がぬかれた世界記録を取りかえした。

「世界記録を持っているからといって、オリンピックで金メダルをとれるとはかぎらない」

そして、８月。

いよいよアテネ大会が開幕し、ハンセンとの直接対決がせまってきた。

男子１００メートル平泳ぎ予選。

平井《ひらい》コーチは北島《きたじま》に、「予選からベストに近い泳ぎで行こう」と言った。

予選だからと力をぬかず、おもいきり泳いで相手にプレッシャーをかけようという作戦だ。

## 北島康介

北島《きたじま》の予選のタイム１分０秒03は、オリンピック新記録だった。
ライバルのハンセンは１分０秒25。
北島《きたじま》のほうが速い。

しかし次の準決勝では、ハンセンが１分０秒01で１位通過。
北島《きたじま》は１分０秒27で２位通過となった。だが、本番は決勝だ。

「泳ぐ前に、気持ちで負けを感じたら、そいつには一生勝てない」
きびしい練習で技術と自信を身につけた北島《きたじま》は、決勝では絶対に勝ってやるという強い気持ちをもって、５コースの飛びこみ台に上がった。

体を前にかたむける。
スタートの電子音にはじかれるように、両手をのばして指先から飛びこんだ。

ラスト１５メートルは、
おまえのほうが速い

ひとかきひとけりで水面にうきあがる。
そのまま泳ぎつづけて、50メートルのターン。

ここはとなりの４コースを泳ぐハンセンのほうが少し速かった。

だが、予想どおりの展開だ。

北島《きたじま》は、レース後半に勝負をかけていた。

「ラスト15メートルは、おまえのほうが速い」

という平井《ひらい》コーチの言葉をおもいだし、自分を信じた。

ターンからうきあがると、頭ひとつ分、前に出た。

観客席から大声援《せいえん》がわきおこる。

「北島《きたじま》、いけーっ！」

「そのまま、そのまま！」

ひときわ大きなチームメイトの声が、北島《きたじま》を後おしする。

そして１００メートルを全力で泳ぎきり、タッチ板をたたく。


チョー気持ちいい！

電光掲示板《でんこうけいじばん》の「１」のところが表示される。

「KOSUKE　KITAJIMA」の文字だ。

「うおーっ！」

こぶしを強くにぎりしめて水面をおもいきりたたき、会場じゅうにひびくような大きな声でほえた。勝利の喜びと感動が全身にみなぎっている。

レースの興奮《こうふん》が冷めないまま、プールサイドでテレビのインタビューをうける。

「気持ちいい……チョー気持ちいい！」

自分の素直なおもいをそのまま口にしたこの言葉は、おおくのひとびとの印象に残り、その後、流行語にもなった。

笑顔だった北島《きたじま》だが、控室《ひかえしつ》にもどるころには喜びの涙《なみだ》を流していた。

## 泳ぎたくない

北島《きたじま》はオリンピック前に、

「アテネで金メダルをとります」とマスコミに語っていた。

練習は、うそをつかない。

自信があったからこその言葉だったが、逆に自分を追いこむことにもなってしまう。

「もしメダルをとれなかったら……」

という不安をはね返し、有言実行でつかんだ金メダルだったのだ。

プレッシャーや緊張《きんちょう》感から解放されて、心からホッとした。

身長１７８センチの北島《きたじま》は、１９０センチをこすような長身の選手がひしめく競泳界では小がらなほうだ。

だが表彰《ひょうしょう》台のまん中に立つ姿は大きく見え、王者の風格をただよわせていた。

それから3日後の、男子２００メートル平泳ぎ決勝。

１００メートルのレースよりも心によゆうがあった北島《きたじま》は、２分09秒44のオリンピック新記録でみごとに優勝。２冠《かん》にかがやいた。

さらに、４人でチームを組んで泳ぐ男子４００メートルメドレーリレーでは、日本新記録をたたきだして3位に入り、銅メダルをかくとくした。

最速のタイムを競う競泳は個人競技だが、リレーはちがう泳法の４人が１００メートルずつ泳ぐ、チーム力の勝負だ。

「チームでとったメダルですからね。個人のものとはうれしさがちがいますよ」

日本男子競泳が世界のトップグループに入ったことが、ほこらしい。

仲間とともにメダルかくとくの喜びをわかちあえることが、自分の2冠《かん》にもましてうれしかった。かつてシドニー大会でくやしさを味わい、メダルの重さと価値を実感した北島《きたじま》ならではの言葉だ。

アテネ大会のギリシャから帰国した北島《きたじま》は国民的ヒーローとなり、テレビや雑誌で何度も取りあげられ、これまでとはちがういそがしい日々を過ごすことになった。

だが、それが落ち着くと、脱力感におそわれた。

次の目標は、4年後の2008年北京大会だとわかっているのに、練習したい気持ちがわいてこない。

泳ぎたくない、とまで思った。

「オリンピックで金メダル」という目標を達成したことが、まんぞくと慢心《まんしん》を生んだのだ。

## 水泳との出会い

東京の下町、荒川区で生まれ育った北島《きたじま》が水泳をはじめたのは、5歳《さい》のときだ。

友だちが通っていた水泳教室に興味をもち、巣鴨《すがも》の東京スイミングセンターに通いはじめると、中学２年の秋には一番上のクラスに上がって平井《ひらい》コーチの指導をうけるようになった。平井《ひらい》コーチは、レースになるとするどいまなざしでグッと集中する北《きた》島《じま》の姿に将来性を感じたという。

アテネ大会のあと、なかなか戦う気持ちがわかない北島《きたじま》は、信頼《しんらい》する平井《ひらい》コーチと相談して休養をとることにした。

## なぜ金メダルをとらないのか

２００８年北京大会までは、まだ時間があるからだいじょうぶ。

そんな気持ちのままのぞんだレースでの成績は、ふるわなかった。今まで日本国内では無敵の強さをほこっていたのに、２００６年の日本選手権男子２００メートルでは４位にしずむ。

パンパシフィック選手権では、１００メートル、２００メートルとも、ライバルのハンセンに完敗した。

そんな北島《きたじま》が不調から立ち直るきっかけとなったのは、２００７年のこと。

北島《きたじま》は12年ぶりに母校の小学校をおとずれた。

競泳日本チームの仲間とともに、未来の夢をもつことのたいせつさをつたえる授業を行ったときだった。

「北島《きたじま》先生はアテネのあと、あまり金メダルをとっていないけれど、どうしてなんですか？」

大人なら気をつかってためらうような質問を、１人の女の子が素直に投げかけた。

北島《きたじま》は、はっとした。

みんなが期待しているのは、だれよりも強い北島《きたじま》。

そして新たな「金メダル」なのだ。

## 「強い北島《きたじま》」が帰ってきた

それから本格的なトレーニングを再開した北島《きたじま》は、合宿できびしい練習をくりかえした。

その努力の成果は、すぐにあらわれた。

世界水泳では、１００メートルはハンセンに敗れて2位となったが、２００メートルでは優勝をはたし、以前の「強い北島《きたじま》」が帰ってきた。

そして２００８年の日本選手権で１００メートル、２００メートルともに優勝し、北京大会への出場を決めたのだった。

## なんも言えねえ

２００８年北京大会。

前大会の王者として追われる立場にある北島《きたじま》は、もちろん連覇《れんぱ》をねらっている。

オリンピック開催《かいさい》地の中国のメディアは、平泳ぎのフォームにちなんで、北島《きたじま》を「蛙《ワ》王《ワン》（カエルの王様）」のニックネームで報じた。

男子１００メートル平泳ぎの決勝を前に、北島《きたじま》はコーチとともに、スタートの足の位置をたしかめた。

だれよりも速くスタートがきれるように、練習をくりかえして修正する。

そして、腕《うで》をかく回数を減らし、あわてずに落ちついて大きく泳ぐ練習をした。

平泳ぎは、水の抵抗《ていこう》が大きい泳ぎ方だ。

強いキック力で大きくのびることで、より速いスピードが生まれるのだ。


「テイク・ユア・マーク（位置について）」のコール。

北島《きたじま》は右足を引き、スタート姿勢をとる。

静けさに包まれた会場に電子ブザーのスタート音が鳴り、トップスイマーたちはいっせいに飛びこんだ。

50メートルのターン直前。

ノルウェーのアレクサンドル・ダーレオーエンがトップだった。

ターンがとくいな北島《きたじま》は、折り返して水中でひとかきしうきあがると、ダーレオーエンをぬいて先頭におどりでた。

後半のスタミナはじゅうぶんだ。

ぐんぐんスピードを上げる北島《きたじま》に、追いつくものはいなかった。

記録は、58秒91。

世界新記録で、連覇《れんぱ》をなしとげたのだ。

この快挙をたたえる大歓声《かんせい》のなか、北島《きたじま》は、これまで自分をささえてくれたみんなの顔をおもいうかべていた。

中学時代から、いつも的確なアドバイスで指導してくれた平井《ひらい》コーチ。

つかれた体を毎晩ほぐして、ベストコンディションをキープしてくれるトレーナー。

心からはげまし応援《おうえん》してくれた、チームメイトたち……。

自分１人だけで勝ち得た金メダルではない。

ささえてくれたみんなへの「ありがとう」の気持ちがあふれて、感謝の涙《なみだ》がこみあげてきた。

レース直後のインタビューでは、

「うれしいです。すいません……なんも言えねぇ」

と、タオルで涙《なみだ》をぬぐい、言葉をつまらせた。

「応援《おうえん》してくれる方がたくさんいたので……。金メダルがとれてよかったです」

いつも自信たっぷりで強気な発言をしていた北島《きたじま》が見せた大つぶの涙《なみだ》。

自分をサポートしつづけてくれたまわりの人たちへ、感謝する熱いおもいがこめられていた。

つづいて２００メートルでも優勝した北島《きたじま》は、オリンピックの競泳で２種目２連覇《れんぱ》という偉業《いぎょう》を達成し、オリンピックの歴史にかがやかしい軌跡《きせき》を刻んだのだった。

## 手ぶらで帰らせるわけにはいかない

それから4年後の2012年ロンドン大会にも、北島《きたじま》の姿があった。

日本競泳史上初となる、4大会連続のオリンピック出場だ。

だが世界で活躍《かつやく》をつづけるライバルたちも、この4年でさらに強くなっていた。

北島《きたじま》は100メートルで5位、200メートルは4位に終わった。

個人種目ではおしくもメダルにとどかなかった。

だが、その後おこなわれた400メートルメドレーリレーで、金メダリストの底力を見せた。

背泳ぎの入江《いりえ》陵介《りょうすけ》、平泳ぎの北島《きたじま》、バタフライの松田《まつだ》丈志《たけし》、自由形の藤井《ふじい》拓郎《たくろう》の、4人でのぞんだメドレーリレー。

第一泳者の入江《いりえ》は、2位の好位置につける。

引きついだ北島《きたじま》は、トップを泳ぐアメリカのハンセンを猛烈《もうれつ》に追いあげた。

50メートルの折り返しでハンセンにせまると、後半でついにぬきさり１位におどりでる。

それはまさに、過去の２大会で金メダルにかがやいたときの、圧倒《あっとう》的な強さをほこった王者の泳ぎだった。

北島《きたじま》がもたらしたトップの座を松田《まつだ》が引きつぐ。

最終泳者の藤井《ふじい》が２位でフィニッシュ。

４００メートルメドレーリレーで銀メダルをかくとくしたのは、日本競泳史上はじめてのことだ。

両手をつきあげ、満面の笑顔でおたがいの健闘《けんとう》をたたえあう。

レース後のインタビューで、キャプテンの松田《まつだ》は語った。

「康介《こうすけ》さんには言ってなかったんですけど、３人で『康介《こうすけ》さんを手ぶらで帰らせるわけにはいかない』って」

長い間、競泳界をリードしつづけてきた北島《きたじま》に、自分たちがメダルをプレゼントしたい、いや、必ずかくとくしなければ、という連帯感が、みんなのこんしんの泳ぎの原動力となっていたのだ。松田《まつだ》、入江《いりえ》、藤井《ふじい》の３人の熱意と、北島《きたじま》の意地がしっかりと結びついて生まれた銀メダルだった。

２０１６年リオデジャネイロ大会をめざした北島《きたじま》だったが、４月の日本選手権で結果を出せず、引退を表明した。

「最後まで自分らしい攻《せ》めのレースができた。やりきった感でいっぱいです」

との言葉に、くいはない。

苦楽をともにしてきた平井《ひらい》コーチは、

「ずっと日本のトップで、世界のトップで、だれもがあこがれる選手になってくれた。速くて、強くて、人のめんどう見もいい。すごい選手になってくれた」

と、目をうるませて、教え子をねぎらった。

【参考文献】
『北島康介　世界最速をめざすトップアスリート』折山淑美（旺文社）２００６
『北島康介　夢、はじまる』折山淑美（学習研究社）２００８
『前略、がんばっているみんなへ』北島康介（ベースボール・マガジン社）２００８
『オリンピック　ヒーローたちの物語』大野益弘（ポプラ社）２０１２
『心にのこるオリンピック・パラリンピックの読みもの　２』（学校図書）２０１６

# 第5章

# はだしのランナー、人生を駆ける

マラソン

# ビキラ・アベベ

1960年ローマ大会 マラソン男子／金
1964年東京大会 マラソン男子／金

# ふしぎな足の裏

１９６０年ローマ大会のマラソンでは、事前に３人の優勝候補が注目されていた。

前回大会優勝者のミムン（フランス）。

世界最高記録保持者のポポフ（旧ソ連）。

そしてマラソン関係者のあいだで評価の高いモロッコのラーディだ。

マラソンは８年前のヘルシンキ大会で、注目度がましたオリンピックの花形競技。

ヘルシンキ大会では、「人間機関車」の異名をとる旧チェコスロバキアのエミール・ザトペックがめざましい記録で優勝したのだった。

モロッコのラーディも、大会の主役になる気がまえ十分で、競技の日をむかえていた。

当日の朝、ラーディが体調の最終チェックのために診察《しんさつ》室をおとずれたときのこと。

自分よりも先に、診察《しんさつ》台に横になっている人物を発見した。

見たことのない顔だったが、むだな筋肉がまったくないほっそりした体から、彼《かれ》もマラソン選手であることがわかった。

だがラーディの印象に強くのこったのは、その選手の顔でも体型でもない。

足の裏だ。

体の他の部分はきゃしゃなのに、足の裏はとても分厚い。

まるで軍用トラックに使われるタイヤのように、がんじょうそうだったのだ。

ここまで分厚ければ、ちょっとさわってみても気づかないかもしれない……。

ラーディは横になっている選手の足の裏をそうっとさわってみた。

そのとたん、選手はとび起きて、目を丸くしてラーディを見た。

## はだしの選手に大さわぎ

午後5時30分、歩道からあふれんばかりの観客の声援《せいえん》をうけながら、いよいよマラソンがスタートした。

ほどなく先頭集団がぬけだし、後につづく集団とじりじり差を広げていく。

15キロ地点にさしかかるころ、先頭集団は4人になっていた。

そのなかにはモロッコのラーディがいたが、あと2人の優勝候補は脱落《だつらく》したようだ。

ラーディは、先頭集団のライバルたちのなかに、診察《しんさつ》室で出会った選手がいることに気づいていた。

おどろいたことに、診察《しんさつ》台で見たまんまの、はだしで走っている。

その表情は冷静そのもので、つかれはまったく見えない。

11番のゼッケンをつけているその選手については、名前も実力もまったく知らない。

そのことがラーディの不安をあおった。

それは、レースの様子を追っていた大勢の記者たちも同じだった。

20キロあたりからは、ラーディとその選手との一騎《いっき》打ちになっていた。

37キロを過ぎたあたりから、はだしの選手が前にでる。

そしてゴールまでのこり約2キロあたりから速度を上げ、ラストスパートに入った。

ラーディはもう、はだしの選手について行くことができない。

その差は10メートル、50メートルと、絶望的なものになっていった。

ここにいたって、記者や観客は大さわぎだ。

「あの、はだしで走っている11番はいったいだれだ？」

## まだあと15キロは走れる

ローマ時代の遺跡《いせき》、壮麗《そうれい》なコンスタンティヌス凱旋門《がいせんもん》。

そこにしつらえられたマラソンゴールを、はだしの選手は軽く両手を上げてゆうゆうとかけぬけた。

「エチオピアの選手だ！」

「アベベ？　アベベという名前なのか！」

まわりの大混乱をよそに、優勝者アベベ・ビキラはすずしい顔で、なんとそこからジョギングをはじめたのである。

かけよってきた記者たちに、彼《かれ》はこう答えた。

「エチオピアではみんなはだしだから平気だ。まだあと15キロは走れる」

記録は2時間15分16秒2。

前年に旧ソ連のポポフがだして「驚異《きょうい》の記録」とさわがれた2時間15分17秒の世界最高記録をぬりかえた。

さらに、ヘルシンキ大会でのザトペックのオリンピック最高記録をなんと8分も上回るものだった。

ラーディは、アベベからおくれること21秒でゴール。

つかれはてた背中をだれかに軽くたたいてねぎらわれる。

やっとのことでラーディがふりむくと、そこには落ち着いた表情でほほえむアベベがいた。

「完敗だ……」

ラーディも認めざるをえなかった。

## エチオピア国民の英雄《えいゆう》に

謎《なぞ》の〝はだしのランナー〟アベベ・ビキラは、一夜で世界の大スターとなった。

そして同時に、オリンピックの全競技を通じてはじめて金メダルをとったエチオピア人として、国の名を一気に世界へ知らしめた。

アベベはエチオピアに凱旋《がいせん》帰国。

皇帝《こうてい》からじきじきにねぎらいの言葉をかけられ、国のほこりとして国民の尊敬を一身に集めるようになった。

エチオピアは第2次世界大戦中、イタリア軍に占領《せんりょう》されて苦しい植民地生活をおくった経験をもっている。

アベベの活躍《かつやく》は、まだ癒《い》えきっていなかった当時のエチオピア国民のつらさや苦しさを一気に晴らしてくれたのだった。

## 飲んだくれの父<br>家を捨てた母

物語をアベベの少年時代にもどそう。

彼《かれ》は、エチオピアの貧しい農村で生まれた。

食べ物にめぐまれず、ヤギの乳がなによりのごちそうという厳しい生活のなかで、小さなころから父や兄の仕事を手伝いながら育った。

子どものころのアベベの楽しみは、放課後に仲間たちとサッカーをすることだった。

体を使うことなら、どんなことでもとくい。

彼《かれ》が入ったチームは必ず勝つといわれるほどサッカーがうまかった。

だが、生活はとても苦しかった。

なけなしのお金をすぐにお酒にかえてしまう飲んだくれの父親も、家族のなやみのたねだった。

アベベが13歳《さい》のとき、ついに生活に耐《た》えられなくなった母親が家を捨ててしまう。

それまでの母親の苦労を見ていたアベベは、

「将来はお金持ちになって、家族に楽な暮らしをさせたい」

と思うようになった。


貧しい農村の子が出世する一番の近道は、エチオピア皇帝《こうてい》の親衛隊に入ることだ。

隊員は運動能力の高い者が選ばれる。

アベベは19歳《さい》のときにみごと合格し、親衛隊の一員になった。

そこに、軍人の教育のためにスウェーデンからまねかれていた陸上コーチがいた。

そのコーチのニスカネンに、アベベは陸上の才能を見いだされたのだ。

アベベは、長距離《きょり》ランナーとして急激に成長する。

そして28歳《さい》になったとき、ローマ大会でその才能が花開いたのだった。

## はだしのほうが走りやすい

さて、アベベは、なぜローマ大会をはだしで走ったのだろうか。

答えは、彼《かれ》にとっては、はだしのほうがずっと走りやすかったから。

小さなころからエチオピアの山地をはだしでかけまわる生活を送っていたアベベは、くつがいらないほど、じょうぶな足の裏を持っていた。

それで、練習でもいつもはだしで走っていたのだった。

ただし、オリンピックとなれば話は別。

他の国の選手にエチオピアの選手がはだしであることを笑われるのはいやだったので、シューズをはいて走ることも試してみた。

でも、それでは足が痛くなってペースが落ちてしまうので、結局はだしのままで走ることにしたのだった。

その結果、アベベの優勝がみなにあたえる衝撃《しょうげき》がいっそう大きなものになったのはたしかなことだった。

## 世界最高記録で2連覇《れんぱ》

世界の注目選手となったアベベだが、その後、国際大会での成績はぱっとしなかった。

さらに１９６４年東京大会の直前には、急性盲腸炎《もうちょうえん》になって病院に運ばれ手術するという災難にもみまわれた。

安静にしなければならない期間をへて、やっと練習を再開できたのは東京に着いてから。

この大会ではほかにも優勝候補がいたこともあり、マラソン関係者は、

「アベベのオリンピック２連覇《れんぱ》はないだろう」

とうわさしあった。

ところが、アベベはまたしてもひとびとの予想をくつがえし、大活躍《かつやく》したのである。

前回大会とちがい、白いくつ下と白いランニングシューズをはいてさっそうと登場したアベベは、スタート直後から先頭をうばった。

そしてそのまま最後まで「1人旅」をつづけ、ローマ大会を上回る2時間12分11秒2の世界最高記録でゴールしてしまったのである。

前回大会ではゴール後にジョギングをはじめたアベベだったが、今大会ではゴールしたあと静かにねころんで整理体操をはじめ、そのよゆうたっぷりの行動がまたひとびとをおどろかせた。

じつのところ、ゴールしたときには足の激痛にみまわれていた。

そのため、たおれこんで筋肉をほぐすために体操をしたというのが真相だったのだが、そんな苦しみも本人の様子からはまったくうかがえなかった。

## 圧倒《あっとう》的な集中力

この大会で、アベベに〝はだしのランナー〟にかわる新たなよび名がついた。

それは〝走る哲学《てつがく》者〟だ。

走っているとき、まったく苦しさを見せない冷静な表情で、つねに前方やや下を見つめながら、たんたんと足を進める。

その様子が観衆の目には、まるで人生について深く考えながら走っているかのようにうつったのだ。

この走り方は、アベベのたぐいまれな集中力のあらわれである。

そしてこの集中力こそが、ここ一番のオリンピックという舞台《ぶたい》で圧倒《あっとう》的な成績を残せる秘密だった。

ローマ大会、東京大会での圧倒《あっとう》的な勝利が、おおくのひとびとに「オリンピック3連覇《れんぱ》」という並はずれた偉業《いぎょう》への期待をいだかせるのは自然なことだった。

アベベ自身もそのつもりで、

「次のメキシコシティー大会では、もっと楽に金メダルをとれると思う」

と、めずらしく宣言したものだ。

しかし、それからの道のりは、うって変わって苦難の連続だった。

アベベは「国の宝」としてもてはやされ、国内で自分に意見を言う者がいなくなった。

東京大会以降、節制をおこたりがちになり、夜になると酒や遊びに精をだすようになっていった。

「走ることが何よりの喜びでありほこり」

と語っていたアベベの変わりようは、周囲の人びとにも明らかだった。

その体は故障しがちになり、１９６８年のオリンピックでメキシコシティーに乗りこんだとき、彼《かれ》のコンディションは万全とはほど遠い状態だった。

故障から回復しきれない左足をむりに動かし、スタート直後には先頭に立ったが、10キロ地点で姿が先頭集団から消えた。

16キロ地点からは走れなくなり、まもなくしゃがみこんだアベベ。

ここ一番の集中力も体の不調には勝てず、とちゅう棄権《きけん》という不名誉《ふめいよ》な結果でメキシコシティー大会を終えたのだった。

## 「走ることが何よりの喜び」だった

アベベをさらなる不幸がおそったのは、メキシコシティー大会の1年後。

深夜に車を運転していて事故にあい、半身不随《ふずい》の体になってしまったのである。

このニュースは世界じゅうをかけめぐり、たくさんのひとびとが悲しんだ。

マラソンどころか、自分の足で歩くこともできなくなってはじめて、「走ることが何よりの喜び」だったころの気持ちがよみがえった。

でも、あとの祭りだった。

なんとか歩けるようになろうと病院で努力をつづけたが、ついにその望みはかなわないとおもい知ったとき、アベベは深い絶望にしずんだ。

これから、自分は何を目指して生きていけばいいのだろう……。

そんなアベベに生きる望みをあたえたのが、入院していたイギリスのストーク・マンデビル病院でさかんにおこなわれていた、障がい者スポーツの存在だった。

脊椎《せきつい》などを損傷《そんしょう》した重症患者《じゅうしょうかんじゃ》を数おおく治療《ちりょう》するこの病院では、リハビリのために患者《かんじゃ》がスポーツをおこなうことをすすめていた。

さらに定期的に車いす競技大会を開催《かいさい》していたのである。

ストーク・マンデビル病院は、パラリンピック発祥《はっしょう》の病院としても有名だ。

アベベはスポーツとのふしぎな縁《えん》で、この病院にみちびかれたかのようだった。

１９７０年７月、アベベはこの大会に参加し、車いすでアーチェリーと卓球《たっきゅう》に出場した。

入賞はできなかったが、たとえ障がいをおってもスポーツに生きることをあきらめないその前向きな姿は、おおくのひとびとに勇気をあたえた。

## 生きていることは幸せなことです

「体がじょうぶなとき、人生は私におおくのものをさずけてくれました。体がおもいどおりにならなくなったことは、私にとって向きあうのもつらい試練でしたが、今、私はよくなるために全力でがんばっています。生きていることは幸せなことです」

予想もしていなかった長くつらい試練を乗りこえたことで、アベベは〝走る哲学《てつがく》者〟とよばれたころよりもずっと深い考え方と、生きる喜びを手にしたのである。

事故から4年後の1973年10月。

アベベは自宅で静かに亡くなった。

事故の後《こう》遺《い》症《しょう》が原因だった。

英雄《えいゆう》の葬儀《そうぎ》にはエチオピア皇帝《こうてい》も参列し、アベベの同僚《どうりょう》である親衛隊員が金メダルをささげながら葬儀《そうぎ》の列にくわわった。

墓前には国民が次つぎと花輪をたむけ、あたりは一面の花畑のようになっていった。

ローマ大会、東京大会でのアベベの活躍《かつやく》によって勇気と活力をとりもどしたエチオピアは、くしくも、彼《かれ》の死からそれほど時のたたないうちに、飢饉《ききん》や政情のみだれで混乱におちいってしまう。

アベベをささえていた皇帝《こうてい》も、アベベの死の翌年、その座を追われてしまった。

## 世界にほこれる英雄《えいゆう》

エチオピアだけではない。アフリカの貧しい国々では、長い間平和を保つのが難しく、紛争や飢餓《きが》などで国が不安定になってしまうことがめずらしくない。

だからこそ、アベベは今もアフリカのひとびとにとって、世界にほこれるかけがえのない英雄《えいゆう》でありつづけているのだ。

マラソンの技術はその後、どんどん進化している。

世界最高記録は何度もぬりかえられてきた。

ついに男子は2時間0分台を目指す時代になった。

スターとよばれる選手も次つぎに誕生している。

しかし、アベベがローマ大会で見せたはだしの疾走《しっそう》、そして東京大会での圧巻の「1人旅」は、世代をこえてひとびとの記《き》憶《おく》にきざまれつづける。

【参考文献】
『アベベ・ビキラ「裸足の哲人」の栄光と悲劇の生涯』ティム・ジューダ（草思社）2011
『スポーツ歴史の検証　オリンピック・パラリンピック　歴史を刻んだ人びと』（笹川スポーツ財団）2019
『近代オリンピックのヒーローとヒロイン』池井優（慶應義塾大学出版会）2016
『心にのこるオリンピック・パラリンピックの読みもの　3』（学校図書）2016

第6章

# 柔道の歴史が変わった日

## ～内気な巨人の偉大な記録～

柔道

# アントン・ヘーシンク

1964年東京大会　柔道男子　無差別級／金

# 外国人選手には絶対に負けない

１９６４年東京大会からさかのぼること３年。

フランスのパリでおこなわれた第３回世界柔道《じゅうどう》選手権大会。

このころ、柔道《じゅうどう》はまだオリンピックでは実施《じっし》されておらず、日本発祥《はっしょう》の武道として世界各国に競技人口を広げているまっさいちゅうであった。

小がらな日本人が、どんな大男でも一瞬《いっしゅん》で投げ飛ばす柔道《じゅうどう》。

世界からおおいに注目され、日本人の柔道《じゅうどう》家がヨーロッパやアメリカにまねかれ、美しい技をみせて尊敬を集めた。

世界柔道《じゅうどう》選手権大会がはじまった１９５６年から、第１回・第２回ともに日本人選手が優勝し、柔道《じゅうどう》の本家として強さをほこった。

当時の日本の柔道《じゅうどう》家たちの、

「外国人選手には絶対に負けない」

というプライドは、とても強いものだった。

# アントン・ヘーシンク

１９６１年第３回世界選手権パリ大会にも、神永昭夫《かみながあきお》、古賀武《こがたけし》、曽根康治《そねこうじ》という日本きっての柔道《じゅうどう》家が乗りこんだ。

だが今回の日本選手団のようすは、それまでのような「必ず勝てる」という楽観的なふんいきとは少しちがっていた。

ある外国人選手が優勝候補としてめきめきと力をつけてきていたからだ。

その選手の名は、オランダのアントン・ヘーシンクだ。

## ヘーシンクの人柄《ひとがら》に魅《み》せられる

ヘーシンクはこの大会の前に数か月間日本をおとずれ、柔道《じゅうどう》の修行をおこなっている。そのときに見せた強さが日本の柔道《じゅうどう》家たちをおどろかせ、おそれさせていたのだった。

身長１メートル98センチ、体重１２０キロちかいヘーシンク。

長身でもせいぜい１メートル80センチほどしかなかった日本人よりも、１まわりも２まわりも大きな体格をもっている。

大がらなあらくれ者の外国人を投げ飛ばすことは、日本の柔道《じゅうどう》家にとって苦もないことだったが、柔道《じゅうどう》の修行をじゅうぶんに積んだ相手では話は別だった。

日本ナンバーワンの実力をもつ25歳《さい》の神永《かみなが》、中堅《ちゅうけん》の古賀《こが》、ベテランの曽根《そね》は「打倒《だとう》ヘーシンク」に照準をさだめ、大会にのぞんだ。

ヘーシンクと当たる順番まで計算して、必勝のかまえで試合にいどんだが、結果、3人は次つぎにヘーシンクの前にやぶれさった。

世界大会で、柔道《じゅうどう》王者の座をはじめて外国人に明けわたしてしまった——。

3人はくやしさに涙《なみだ》をにじませながら、フランスを後にした。

ただ、やぶれた相手のヘーシンクに対してはふしぎと、にくしみや怒《いか》りといった感情はわかないのだった。

なぜなら3人は、優勝してもまったく勝ちほこらずに礼儀《れいぎ》正しく接してきたヘーシンクの人柄《ひとがら》に魅《み》せられ、自分たち日本柔道《じゅうどう》家が大切にしてきたのと同じ、礼や謙《けん》じょうの心をヘーシンクのなかにも見たからであった。

ただし、「3年後の東京オリンピックでは必ずやヘーシンクをたおそう」と日本選手団が誓《ちか》いを新たにしたことは言うまでもない。

# アントン・ヘーシンク

## こつこつと働きながら、地道に柔道《じゅうどう》に打ちこむ

アントン・ヘーシンクはどのようにして柔道《じゅうどう》と出会い、日本の柔道《じゅうどう》家たちもうなるような技術と精神性をはぐくんだのだろうか。

1934年にオランダ・ユトレヒトの貧しい労働者の家に生まれたヘーシンクは、12歳《さい》のときから建設現場で働いて家計を助けていた。

柔道《じゅうどう》に興味をもったのは、ある日サッカーのハーフタイムショーで柔道《じゅうどう》のデモンストレーションを見てからだ。

14歳《さい》から地元の柔道《じゅうどう》教室に通いはじめた。

もともとスポーツがとくいだったヘーシンクは、柔道《じゅうどう》でもみるみる腕《うで》を上げた。

しかし当時のヨーロッパでは、柔道《じゅうどう》は身分の高い人のためのスポーツと考えられていて、活躍《かつやく》するのはおもに貴族やお金持ちだった。

労働者階級のヘーシンクにとって、柔道《じゅうどう》の世界で活躍《かつやく》することなど夢のまた夢。

こつこつと働きながら、地道に柔道《じゅうどう》に打ちこんでいたのだった。

そんなヘーシンクの人生を変える出会いが、20歳《さい》のときにおとずれる。

「世界で活躍《かつやく》する柔道《じゅうどう》家を育ててほしい」

とオランダ柔道《じゅうどう》連盟に依頼《いらい》されて視察に来ていた日本人の柔道《じゅうどう》家、道上伯《みちがみはく》が、彼《かれ》に目をとめたのだ。

198センチの身長はオランダ人のなかでも目立った。

だが当時の体はひょろりと細く、

「ビールびんみたいな若者だなあ」

とまず道上《みちがみ》は思った。

そして、長い手足とひたむきにけいこをする様子を見て、

「この若者なら、世界を制する実力者に育て上げられるかもしれない」

と感じたのだ。

道上《みちがみ》をひきつけた理由はほかにもあった。

柔道《じゅうどう》に対して熱い気持ちを持っていながら、その性格はとても素直で、指導者の教えをまじめに実践《じっせん》しようという姿勢が印象的だった。

そして、大きな体をちぢめるようにしてひかえめにふるまう様子からは、柔道《じゅうどう》の精神である礼と謙虚《けんきょ》さに通じるものも感じたのだった。

「彼《かれ》は地位・階級が低いから」と難色をしめすオランダ柔道《じゅうどう》連盟のひとびとを説きふせ、道上《みちがみ》はヘーシンクを弟子に選んだ。

こうして、道上《みちがみ》とヘーシンクの世界一をめざす日々がはじまった。

## 日本に残って武者修行

ふだんはフランスでフランス人選手たちの指導をおこなっている道上《みちがみ》は、２か月に一度、20日間オランダにやってきて指導した。

ヘーシンクは道上《みちがみ》もおどろくほどの真面目さで練習にとりくみ、力をのばしていった。

道上《みちがみ》はさらに、彼《かれ》に柔道《じゅうどう》だけでなくサッカー、レスリング、水泳、ウェイトトレーニングなど、さまざまなスポーツを体験させながらきたえた。

道上《みちがみ》との出会いから３年をへた１９５８年。

ヘーシンクはもうひとつの出会いをしている。

ヨーロッパ最強となったヘーシンクに、日本人との対戦経験を積ませたいと考えた道上《みちがみ》は、東京でおこなわれた第2回世界選手権のあと、日本に残って修行をするように言ったのだ。

第1回、第2回世界選手権でともに日本人にやぶれたヘーシンク自身も、「本当に強くなるためには日本人のトップレベルの選手ともっと戦わなければ」と強く望むようになっていた。

ひとつ日本の柔道《じゅうどう》の強さを
おもい知らせてやろう

第2回世界選手権の直後、ヘーシンクは、強豪《きょうごう》で知られる奈良の天理大学の柔道《じゅうどう》場をおとずれた。

柔道《じゅうどう》部の学生は、とつぜんあらわれてぽつりと「ヘーシンク」と名のった大男におどろいたが、彼《かれ》が柔道《じゅうどう》着に着がえたのを見て「練習をしに来たのだな」と理解した。

そして、「ひとつ日本の柔道《じゅうどう》の強さをおもい知らせてやろう」といどんでいき、さらにどぎもをぬかれることになる。

腕《うで》におぼえのある柔道《じゅうどう》部員2人が、それぞれ一瞬《いっしゅん》にして投げられた。

次にかかった学生もすぐに投げられた。

4人目の大がらな学生は短時間ねばったが、やはりかなわなかった。

「たおせるとおもって技をかけたのに効かない。

おさえこんだと思ったのにはね返される。

手ごたえが、どうも日本の柔道《じゅうどう》家とはちがう」

さまざまなスポーツの技術を学んだヘーシンクには、日本の柔道《じゅうどう》しか知らない柔道《じゅうどう》部の学生たちにはない強さがそなわっていたのだ。

## 堂々たる柔道《じゅうどう》家の姿

ヘーシンクも滞在《たいざい》中、日本柔道《じゅうどう》のおくぶかさを学んでいった。

日本で道上《みちがみ》にかわる師として彼《かれ》を指導したのが、天理大学柔道《じゅうどう》部監督《かんとく》の松本安市《まつもとやすいち》だ。

ヘーシンクは、柔道《じゅうどう》部の学生とともに生活しながら、毎日松本《まつもと》の〝しごき〟をうけた。

松本《まつもと》が起きればヘーシンクの1日がはじまり、

「今日はこれまで」

と言われれば終わる。

道上《みちがみ》に対してそうだったのと同じように、松本《まつもと》の指導に対してもヘーシンクは素直に全力でとりくんだ。

彼《かれ》がよく口にしていた日本語は、

「だいじょうぶ！」

「つかれてない！」

「痛くない！」

学生たちがへとへとになって休んでいるようなときでも、ヘーシンクは鍛錬《たんれん》をおこたらなかった。


ヘーシンクはその後もたびたび日本をおとずれ、けいこにはげんでいる。

オランダでは道上《みちがみ》の指導をうけ、日本では松本《まつもと》にきたえられ、さらに成長していった。

その成長は、柔道《じゅうどう》の技術だけにあらわれていたのではない。

内気でひかえめな青年の姿はもうそこにはなく、謙虚《けんきょ》でありながら自信にあふれた、堂々たる柔道《じゅうどう》家の姿が完成されつつあった。

１９６１年第３回世界選手権大会で、日本の神永《かみなが》、古賀《こが》、曽根《そね》の３選手は、このヘーシンクにやぶれたのであった。

## 打《だ》倒《とう》ヘーシンクに燃える日本

１９６４年10月、東京オリンピック。

柔道発祥《じゅうどうはっしょう》の地である日本で、いよいよ柔道《じゅうどう》がはじめてオリンピックの正式競技としておこなわれるという大舞《ぶ》台《たい》だ。

階級は、軽量級、中量級、重量級、無差別級の４つ。

日本チームからは、中谷雄英《なかたにたけひで》、岡野功《おかのいさお》、猪熊功《いのくまいさお》、神永昭夫《かみながあきお》が立った。

日本選手たちの使命はもちろん、４階級全制覇《せいは》だ。

そして、日本側が最強のライバルとして研究していた相手は……。

そう、アントン・ヘーシンクだ。

日本の地でなんとしても「打倒《だとう》ヘーシンク」をはたすため、日本チームの監督《かんとく》には彼《かれ》をよく知る松本安市《まつもとやすいち》が任命され、必勝の戦略が練られていたのだった。

「金メダルをとることが、道上伯《みちがみはく》、松本安市《まつもとやすいち》、両師への恩返しになる」

2人の師に対してはずかしくない戦いをしようと心を決めたヘーシンクは、道上《みちがみ》とともに日本に降り立った。

オランダでの師・道上《みちがみ》とともに、日本の師・松本《まつもと》がひきいる日本チームと相対するという、複雑な戦いが幕をあけたのである。

競技は軽量級から順におこなわれ、中谷《なかたに》、岡野《おかの》、猪熊《いのくま》と、日本勢が金メダルを積み重ねていった。

そして、オリンピック閉会式の前日におこなわれた無差別級の試合に、4つめの金メダルを期待する大ぜいの国民の目が向けられた。

無差別級にいどむ日本選手は、世界選手権でヘーシンクに敗戦をきっし、リベンジに燃えるエース・神永《かみなが》。

競技は予選リーグと決勝トーナメントで戦われたが、神永《かみなが》とヘーシンクは、まず予選リーグでぶつかることになる。

# アントン・ヘーシンク

この最初の対戦は、おたがい慎重《しんちょう》に相手をさぐりあいながらの戦いとなった。

結果は、判定でヘーシンクの勝利。

ヘーシンクはその後決勝トーナメントに進んだが、神永《かみなが》も敗者復活戦を勝ち進み、両者は決勝の舞台《ぶたい》でふたたびあいまみえた。

## 動いたのは神永《かみなが》

身長１９８センチ、体重１２０キロのヘーシンクと、１７９センチ、１０２キロの神永《かみなが》が向かいあう。

審判《しんぱん》のかけ声で、制限時間10分の決勝がはじまった。

ヘーシンクは両手を高くかかげて神永《かみなが》を見下ろし、神永《かみなが》も両手をあげてにらみかえす。

やがておたがいにそでをとりあい、組み手あらそいがくり広げられる。

立ち技をくりだすヘーシンクを神永《かみなが》が冷静にさばき、逆にヘーシンクに寝技《ねわざ》をしかけるなど、前半の戦いは、ほぼごかくだった。

試合時間の半分が過ぎようとするころ、ヘーシンクが神永《かみなが》のバランスをくずし寝技《ねわざ》にもちこむ。

ヘーシンクの巨体《きょたい》にのしかかられる神永《かみなが》。

「神永《かみなが》がんばれ！」

といういくつもの声援《せいえん》が日本武道館内にひびくなか、神永《かみなが》は体を回転させてのがれた。

両者につかれが見えはじめた8分すぎ、一気に勝負を決めようと動いたのは神永《かみなが》だ。

彼《かれ》がもっともとくいとする左の体落としはヘーシンクの体をうかせたが、右手で神《かみ》永《なが》の腰《こし》をつかんでこらえたヘーシンクは、逆に神永《かみなが》の足をはらってたおし、ふたたび寝技《ねわざ》をしかけた。

「おさえこみ！」

と審判《しんぱん》の声が飛ぶ。

おさえこんだままで25秒が経過すれば「技あり」、30秒で「一本」だ。

神永《かみなが》は下半身をひねってのがれようとしたが、その上半身は、ヘーシンクの完ぺきな「けさ固め」によって封《ふう》じられている。

時間はまだあったが、当の神永《かみなが》にはもう、勝負が見えていた。

15秒がすぎ、20秒がすぎ……。

ヘーシンクの一本勝ちが場内に宣言される。

## 日本の柔道《じゅうどう》がなぜ彼《かれ》にやぶれたのか

日本人が多数をしめる観客はおどろきや落たんの声をあげた。

だが次の瞬間《しゅんかん》、優勝者のある行動に眼を見はることとなった。

畳《たたみ》の上のヘーシンクは、おさえこみの状態から顔をあげると、大きな手のひらを外側にむけて、何かをおしとどめるようなしぐさを何度もおこない、厳しい顔で立ち上がった。

その視線の先には、喜びのあまり畳《たたみ》に上がってこようとするオランダチームの若者の姿があった。

彼《かれ》は、柔道《じゅうどう》の精神である「礼」を、畳《たたみ》の外にいる自国のひとびとにも求めたのだ。

その光景を見た瞬間《しゅんかん》、神永《かみなが》にかた入れし、落たんしていた観客もさとった。

日本の柔道《じゅうどう》がなぜ彼《かれ》にやぶれたのかを。

ＮＨＫ実況《じっきょう》アナウンサーの声が、その場にいた者たちのおもいを代弁する。

「日本の柔道《じゅうどう》やぶれました。いまや柔道《じゅうどう》は日本だけのものではありません。柔道《じゅうどう》は世界の柔道《じゅうどう》になりました」

## 柔道《じゅうどう》の歴史で特別な日

畳《たたみ》にすわる神永《かみなが》に手をさしのべるヘーシンクと、それにこたえる神永《かみなが》。

神永《かみなが》の表情には、「まいりました」という素直なおもいがあらわれていた。

ヘーシンクは控室《ひかえしつ》にもどると、まっていた道上《みちがみ》にていねいにおじぎをし、

「ありがとうございました」

と日本語で礼をした。

これが、今なお柔道《じゅうどう》の歴史で特別な日とされている1日のてんまつである。

ヘーシンクはこの後まもなく柔道《じゅうどう》を引退したが、日本にはそれからもいく度となくおとずれている。

２００４年に東京にまねかれたとき、彼《かれ》は壁《かべ》にかけられた１枚の写真の前で立ち止まり、深く頭をさげた。

写真には、日本人選手たちにまじって、今はなき松本安市《まつもとやすいち》の姿が小さく写っていた。

【参考文献】

『ヘーシンクを育てた男』眞神博（文藝春秋）２００２
『心にのこるオリンピック・パラリンピックの読みもの　３』（学校図書）２０１６
『スポーツ歴史の検証　オリンピック・パラリンピック　歴史を刻んだ人びと』（笹川スポーツ財団）２０１９
『中央公論77』（中央公論新社）１９６２
『Ａｇｏｒａ１９９７年２月号』（日本航空）１９９７

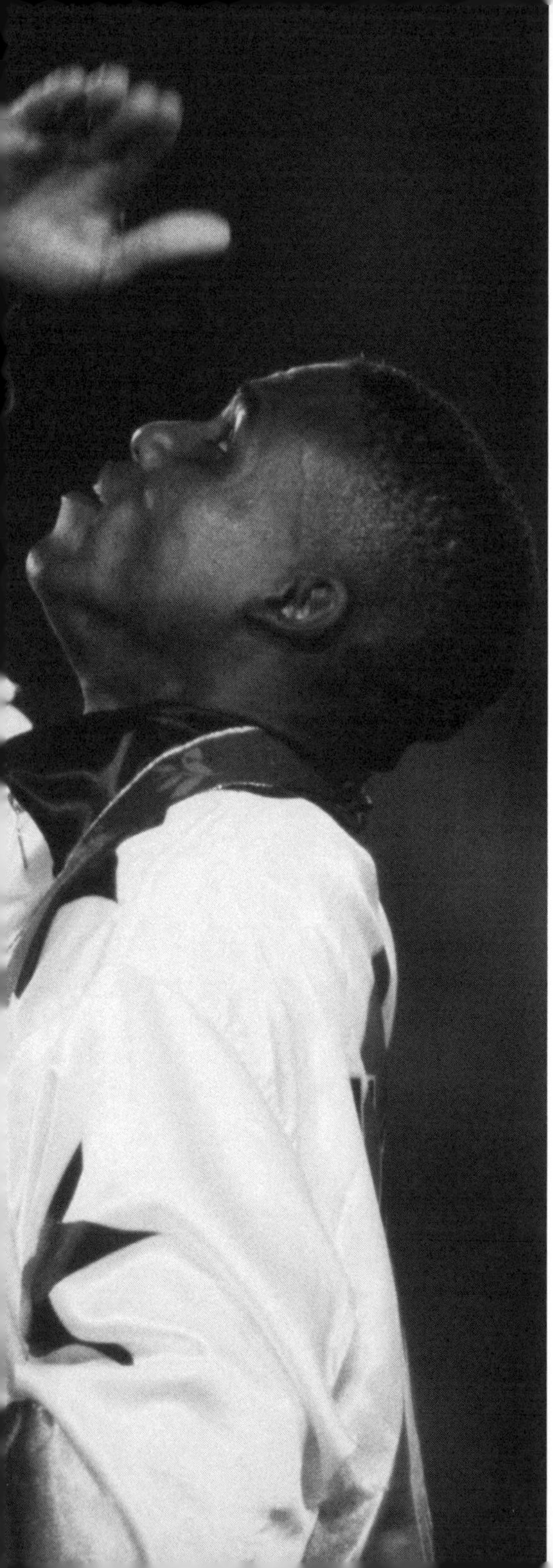

# 第7章

# 世界のスーパースター

陸上競技

# カール・ルイス

１９８４年ロサンゼルス大会　陸上競技男子　１００ｍ・２００ｍ・４×１００ｍリレー・走り幅跳び／金

１９８８年ソウル大会　陸上競技男子　１００ｍ・走り幅跳び／金、２００ｍ／銀

１９９２年バルセロナ大会　陸上競技男子　４×１００ｍリレー・走り幅跳び／金

１９９６年アトランタ大会　陸上競技男子　走り幅跳び／金

お年よりから子どもまで。

スポーツ好きはもちろん、スポーツにまったく興味のない人まで、ほとんどの人が知っている世界的スーパースター。

そんな選手はスポーツの歴史のなかでも、そうおおくない。

その代表といえる人物が、陸上競技の選手、カール・ルイスだろう。

ルイスは１９８４年ロサンゼルス大会から１９９６年アトランタ大会までの４大会にわたって大きなかがやきをはなった。

かくとくしたメダルは、金メダル９個、銀メダル１個。

陸上種目で金メダル９個という記録は、20年以上経った今でも破られていない。

また、12年もの長いあいだ、陸上界のトップに君臨しつづけた選手も、ほかにない。

## 圧倒《あっとう》的なスーパースター

１９８４年ロサンゼルス大会は、オリンピックの歴史の中でもとくに華《はな》やかにくり広げられた大会のひとつとして、現在も記憶《きおく》されている。

# カール・ルイス

派手なコマーシャルや演出で、開会前から閉会式までがめくるめくショーのように展開された大会。

コカ・コーラをはじめとする巨大企業《きょだいきぎょう》がスポンサーとなり、商業的にも大成功して、その後のオリンピック運営のモデルにもなった大会。

この大会で主役としてスポットライトをあびたのが、長くしなやかな手足を持つ細身の若者、23歳《さい》のカール・ルイスだ。

ルイスは前年、世界陸上選手権で男子100メートル、走り幅《はば》とび、4×100メートルリレーの3冠《かん》にかがやき、期待を集めていた。

そして大会本番、ルイスは前年の3冠《かん》種目に200メートルをくわえた4種目にエントリーし、そのすべてでみごとに金メダルをさらったのである。

短距離《きょり》種目はどれも独走状態でフィニッシュ。

ゴール前から両腕《うで》を高く上げ、喜びの笑顔を爆発《ばくはつ》させながらとびはねるように走るシーンは、大会のハイライトになった。

走り幅《はば》とびでは、6回のうち1回目の跳躍《ちょうやく》で8メートル54の大ジャンプを見せ、2回目でファウルになったあとは残り4回の跳躍《ちょうやく》をすべてパス。

ライバルたちは6回すべての跳躍《ちょうやく》をおこなっても、ルイスの1回目の跳躍《ちょうやく》に遠くおよばなかった。

オリンピックでの陸上4冠《かん》は史上2人目。

全世界がスーパースターの誕生に興奮《こうふん》した。

日本でも、さまざまなコマーシャルやテレビ番組に登場し、日本じゅうの校庭でカール・ルイスになりたい子どもたちが、かけっこにはげんだものである。

## ジェシー・オーエンスの再来

アメリカのバーミンガムでカール・ルイスは生まれた。

幼いころからスポーツで活躍《かつやく》していた兄妹とちがって、体も小さくおとなしい少年だった。

2歳《さい》年下の妹キャロルとはよく砂場で幅《はば》とびをして遊んだが、勝つのはつねに妹。

だから、「自分にはスポーツの才能がない」とおもいこんでいた。

しかし両親は根気よく陸上競技の練習をさせた。

# カール・ルイス

そこには、兄妹とくらべてひかえめな性格だったカールに自信をもってほしいというおもいもあった。

そんな両親の愛にこたえて真面目に練習にとりくんだカールは、高校に入って急に身長がのびると、短距離《きょり》走と走り幅《はば》とびで、みるみる国内のトップ選手へとのぼりつめていった。

彼《かれ》には、あこがれの選手がいた。

それは同じアメリカの黒人選手、ジェシー・オーエンス。

１９３６年ベルリン大会で史上はじめて陸上４冠《かん》をなしとげた名選手だ（本シリーズ『絶望と復活』の巻、第９章参照）。

幼いころ、カールは実際にオーエンスに会ったことがある。

子どものための陸上競技大会「ジェシー・オーエンス全国競技大会」に出場したとき、57歳《さい》のオーエンスと話す機会があったのだ。

オーエンスは、小さなカールに短い言葉で語りかけた。

「いっしょうけんめいやること、そして楽しむことだよ」

ジェシー・オーエンスは、人種差別のはげしかった時代に、ひどい差別をうけながら走りつづけた選手だ。

そしてカールの両親も若いころ、人種差別との戦いを経験している。

カールは両親から当時の話を聞き、黒人のほこりだったオーエンスについても知識を深めた。

オーエンスが差別を耐《た》えしのんだ時代があったから、黒人の自分でも、のびのびとスポーツができる今がある。

オーエンスからかけられた言葉は、カールのなかで宝物になった。

そして１９８４年、ついに「ジェシー・オーエンスの再来」とよばれる偉業《いぎょう》をはたしたのだった。

## あられもないバッシング

ロサンゼルス大会で全世界のスターとなったカール・ルイスは、このときからよい意味だけでなく、悪い意味でもまわりからさわがれるようになった。

実力があまりにもぬきん出ていたために、スターの座からひきずりおろそうとするマスコミのえじきにされたのだ。

# カール・ルイス

「カール・ルイスはお金をもらわないと何もしない、えらぶった最低なやつだ」
「カール・ルイスは禁止された薬物を使って記録をだしているひきょう者だ」
ロサンゼルス大会の走り幅《はば》とびで後半の跳躍《ちょうやく》をパスしたことについても、
「カールはなまけて、世界記録を楽しみにしていたファンをうらぎった」
と言われた。

じつは当時、彼《かれ》は2回目の跳躍《ちょうやく》で足を痛めていたのだ。

また後日に他の競技をひかえている選手にとって、じゅうぶんな記録を出したあとにむりせず力を温存するのは当然のこと。

だが、そういった背景は語られなかった。

ルイスをイメージダウンさせる言葉は世界じゅうに発信され、彼《かれ》はそんな悪いイメージとも戦いながら競技に取り組まなければならなくなった。

しかし、ルイスとマスコミとの関係は、その後よい方向にむかっていく。

ひどい記事を書くのは、彼《かれ》のことを直接知らない人たちだった。

若いルイスは、はじめのうちマスコミ不信におちいっていたが、考えを改めてさまざまな記者の取材をうけ入れ、おたがいに理解しあうようにした。

そのうちに、好意的な記事が増えていき、本当のカール・ルイスを世間に知ってもらえるようになっていった。

ルイスにとってこの一連の出来事はとんだ災難といえたが、人間的に成長する機会にもなったのだった。

## ベン・ジョンソンへの違《い》和《わ》感《かん》

ロサンゼルス大会の翌年。

ルイスにベン・ジョンソン（カナダ）というライバルがあらわれた。

スタート直後からトップスピードに乗る「ロケットスタート」を武器にジョンソンは急成長を見せ、１９８７年には驚《きょう》異《い》的な世界記録をマーク。

カールか、ベンか。

１９８８年ソウル大会での「世紀の対決」にむけ、世界じゅうの期待が高まった。

この大会に、ルイスは前回大会と同じ４種目にエントリーした。

最初の出場種目は１００メートル。

## カール・ルイス

予想通り、決勝は2人の一騎《いっき》打ちとなった。

ロケットスタートで飛び出したジョンソンを追って、後半勝負をとくいとするルイスはぐんぐんとスピードを上げていく。

だが、どんな選手でも後半になると体力が落ちて減速していくのがふつうなのに、ジョンソンの背中はいっこうに近くならない。

結局ルイスは最後まで追いつくことができず、ジョンソンは自身の世界記録をさらに0・04秒縮める新記録でゴールした。

ルイスにとっては信じがたい結果だった。

自分が2位に甘《あま》んじたことももちろんだが、ジョンソンの走りそのものにも違和感《いわかん》をおぼえたのだ。

だがとにかく、「世紀の対決」はベン・ジョンソンに軍配があがった。

すくなくともこの日のあいだは。

翌日の走り幅《はば》とびでは、ルイスは王者のかんろくを見せつけて危なげなく金メダルをかくとくした。

とちゅうで足をひねったにもかかわらず、6回の跳躍《ちょうやく》すべてをおこなった。

後半の跳躍《ちょうやく》をパスしてバッシングされた経験からの、ルイスの意地だった。

予想外のできごとがもたらされたのは、その後のこと。

１００メートルでベン・ジョンソンがドーピング（禁止薬物の使用）をしていたことが発覚。

ジョンソンからはく奪《だつ》された金メダルがルイスの手にわたったのだ。

また、ジョンソンが前年に出した世界新記録も、ドーピングによるものとして取り消された。

オリンピックでは、１９６８年からドーピングに対する取りしまりがおこなわれてはいた。

だが、このソウル大会をさかいに、よりきびしい検査と取りしまりを要求する声があがるようになっていく。

その後、２００メートルではアメリカのチームメートにやぶれて銀メダル、４００メートルリレーでは１次予戦でアメリカチームが失格となり終了《しゅうりょう》。

さまざまな波乱があったが、ルイスは２種目２連覇《れんぱ》（金メダル）と銀メダルひとつという、スーパースターらしい結果で世界を納得させた。

## 王者交代の時がきたのか

三度目のオリンピックを前に、今度はルイスが10年もの間、無敗の65連勝をほこっていた走り幅《はば》とびで強敵があらわれた。

同じアメリカのマイク・パウエルだ。

オリンピックの前年に東京でおこなわれた世界陸上選手権で、パウエルはルイスとの激闘《げきとう》のすえ勝利した。

それだけでなく、８メートル95の大ジャンプで23年ぶりの世界記録更新《こうしん》をはたしたのである。

ルイスの世界記録８メートル90は、自分でも長年どうしても破れないでいたものだ。

それだけに、目の前で見せられたパウエルの快挙は、ルイスにとって大きなショックだった。

試合後、負けた相手に肩《かた》をだかれてうつむくルイス。

その姿は、「王者交代」の印象を観衆にあたえた。

だがルイスはもちろん、負けたままで終わるつもりはなかった。

## 走り幅《はば》とび３連覇《れんぱ》
## だれもが有終の美と考えた

１９９２年。

バルセロナオリンピックの走り幅《はば》とび。

第１回目の跳躍《ちょうやく》で８メートル67の好記録を出したルイス。

それをパウエルが追いかけるという展開に、観衆は手に汗《あせ》をにぎった。

３回、４回と試技が重ねられたが、だれもルイスの１回目の記録を上回ることができない。

最後となる６回目の跳躍《ちょうやく》で、パウエルがついにその日いちばんのジャンプをとんだ！

記録は……記録ボードに表示されたのは、「８メートル64」。

３センチ差の、ルイスの勝利だった。

このとき、ルイスは31歳《さい》。

# カール・ルイス

陸上選手としては下り坂といわれる年齢《ねんれい》に入りながらも、走り幅《はば》とび３連覇《れんぱ》と、アンカーをつとめた４００メートルリレーの金メダルで大きな存在感を示したのだ。

オリンピック３大会で主役のかがやきをはなったカール・ルイス。

８年間も世界陸上をリードしつづけたことは、じゅうぶんおどろくにあたいする。

おおくのひとびとは、ルイスの「スター」としての役割は終わったと考えた。

だが……。

１９９６年アトランタ大会。

35歳《さい》になったカール・ルイスは走り幅《はば》とびでなんとか国内予選を勝ちぬき、出場をはたした。

彼《かれ》にメダルを期待する声は、もはやほとんどなかった。

彼《かれ》はひとびとにとって、「古き日のスター」になっていた。

だがそのぶん、大勢の期待にこたえてメダルをとらなければならないという重圧はもうない。

ルイスは最後のオリンピックと決めたこの大会で、心ゆくまで大会のふんいきを味わいながら競技をするつもりだった。

そして、勝って終えるのだ。

走り幅《はば》とびには、前年に非公認ながらマイク・パウエルの世界記録を上回る跳躍《ちょうやく》をみせたイバン・ペドロソ（キューバ）という優勝候補がいた。

マイク・パウエルもいた。

ルイスは、決勝1回目の跳躍《ちょうやく》でタイミングをあわせることができない。

砂場を走りぬけてしまうミスをおかす。

2回目でもタイミングが合わずに失敗のジャンプ。

それを見ていた観衆は、やはりかつてのスターのかがやきはもうない、と思った。

だが、3回目の跳躍《ちょうやく》を前にしたルイスの心の中はちがった。

さあ今こそ、しかけるときだ。

ルイスは、スタート地点で自分に語りかけた。

「ぼくはこれから、オリンピックを楽しむためのジャンプをするんだ」

いいスタートがきれた。

その後の助走も最高だった。

ルイスは、自分の足がひさしぶりに絶好のタイミングで踏切《ふみきり》板をふむのを感じた。

大きくとび、わずかにバランスをくずし、前のめりになって砂場につっこんだ。

胸とほほが砂にめりこむ。

８万２０００人の観衆がどっとわく声が聞こえた。

他の選手に大差をつける８メートル50。

それは、彼《かれ》がバルセロナ大会以降４年間でとんだなかでも、最長の記録だった。

出場選手たちに残された３回の試技を、ルイスは祈《いの》るような気持ちで見守った。

ライバルたちはルイスの記録を超《こ》えようとして、ある者はあせってファウルをおかし、ある者は動きが固くなった。

最終選手の最後の試技がはじまり、そして終わった。

## 本物のスーパースター！

ルイスはオリンピックチャンピオンになった。

会場じゅうが総立ちなって、ルイスに拍手《はくしゅ》を送っていた。

かつて彼《かれ》をバッシングしたひとびとも、彼《かれ》の悪いイメージを信じたことのあるひとびとも、そこにはいたはずだ。

だが、12年もの間、努力をつづけて結果をだしてきたルイスは、いつしかみんなから敬愛されるレジェンドになっていたのだ。

ルイスは、これまで何度となくおこなってきたビクトリーランを開始した。

トラックを回るルイスに向かって、観客席からいくつものアメリカ国旗が投げ入れられた。

## なにより重い、9個目の金メダル

回り終えたルイスは、それまでのオリンピックではおこなわなかった、あることをした。走り幅《はば》とびの砂を両手ですくっては、ふくろにつめたのだ。

「オリンピックでとぶことはもう二度とないだろうと思ったとき、子どものころに、はじめて砂場で走り幅《はば》とびをしたときのことをおもいだして、知らずしらずのうちに砂をにぎりしめていたんだ」

と彼《かれ》はのちに語っている。

カール・ルイスがオリンピックで達成したのは、金メダル９個、銀メダル１個。

史上２人目の陸上４冠《かん》、そして史上２人目の大会４連覇《れんぱ》。

「アトランタ大会での９個目の金メダルは、それまでの８個をすべてあわせたよりも重い」

それは、万感のおもいがこもった、名選手の言葉だった。

【参考文献】
『永遠への２１２日――ビクトリー・ラップをもう一度』カール・ルイス（自由國民社）１９９６
『カール・ルイス――アマチュア神話への挑戦』カール・ルイス（日本テレビ放送網）１９９１
『アサヒグラフ臨時増刊8月30日号　ロサンゼルス・オリンピック』（朝日新聞社）１９８４
『スポーツ20世紀　甦る「スポーツの世紀」の記憶　Ｖｏｌ．８』（ベースボール・マガジン社）２００１

# 第8章

# 稲妻スプリンターの大空劇場

陸上競技

# ウサイン・ボルト

２００８年北京大会　陸上競技男子　１００ｍ・２００ｍ／金
２０１２年ロンドン大会　陸上競技男子　１００ｍ・２００ｍ・４×１００ｍリレー／金
２０１６年リオデジャネイロ大会　陸上競技男子　１００ｍ・２００ｍ・４×１００ｍリレー／金

# 陽気で愉快な稲妻《いなづま》男

足を大きく開き、片手をななめ上にのばす。

天に向けて弓をひくようなダイナミックなポーズ。

２００８年北京、２０１２年ロンドン、２０１６年リオデジャネイロの３大会にわたって世界をわかせた「ライトニング・ボルト（稲妻《いなづま》ボルト）」ポーズの主は、ジャマイカのウサイン・ボルトだ。

陸上競技の花形種目１００メートル、２００メートルを３連覇《れんぱ》する偉業《いぎょう》を達成したのは、１２０年以上のオリンピックの歴史のなかでも彼《かれ》１人。

１９６センチの並みはずれた身長でとぶようにレーンを走り、ライバルたちが44、45歩をかけてたどりつくゴールに41歩で到達《とうたつ》する。

ゆうゆうとレースを終えたあとは、大観衆とユーモアたっぷりにコミュニケーションをとりながら勝利の喜びをわかちあう。

競技中も、競技の外でも観客を魅了《みりょう》しつづけたボルトの生きざまをご紹介《しょうかい》しよう。

## 異常なほどのエネルギー！

ウサイン・ボルトは、子どものころから目立つ存在だった。

まず、同年代とくらべて、とても体が大きい。

くわえて、

「この子はエネルギーがありすぎて、どこか異常なところがあるとしか思えない」

と両親に病院に連れて行かれたことがあるほど元気いっぱいだ。

さらにおそろしく負けずぎらいで、たとえ遊びの競争でもだれかに負けると派手に怒《おこ》りだすか、泣きだすかのどちらかか。

逆にいえば、ほとんどのばあい、勝者はウサインだった。

彼《かれ》にとって、ただ1人こわい存在だったのは、父親のウェルズリー。

父親は、家の手伝いや門限などに決まりをもうけてウサインを厳しくしつけた。

とくに、だれに対しても謙虚《けんきょ》に接するという、人としてのマナーに厳格だったので、やんちゃではあったが礼儀《れいぎ》を知る少年としてウサインは育った。

彼《かれ》が一番熱中していたのは意外にも、かけっこではなくクリケットだ。

チーム同士でボールをあつかって得点を競う、ジャマイカでは人気の高いスポーツで、ウサインは将来クリケット選手になって活躍《かつやく》することを夢見ていた。

だが、ウサインの走りの才能に気づいた小学校の先生の、

「もし体育祭で走ってくれたらランチをプレゼントするよ」

というさそいに、軽い気持ちで乗ったことで彼《かれ》の人生は決まった。

やるからには負けられない。

いざ本気で走ってみると、ぶっちぎりの1位になった。

チーム競技で勝利するのとはちがう、自分の力だけでいどんで「ナンバーワン」になる気持ちよさを、ウサインはそこではじめて知った。

負けるかもしれないレースにでるなんて

２００２年、ウサインは15歳《さい》の若さで、20歳《さい》未満の選手にとって最高峰《さいこうほう》の大会、世界ジュニア選手権の２００メートルに出場する。

# ウサイン・ボルト

ウサインはそれまで、ずっとよゆうの1位だった。

この大会でも優勝できるだろうと自信満々だった。

だが、世界には自分のベストタイムよりも速い記録をもつ選手が何人もいると聞いて、一転表情を変える。

「ぼくはこんな大会にはでない！」

負けるかもしれないレースにでるなんてまっぴらだ。

しかも開催《かいさい》地は地元ジャマイカ。

もし負けたらとんだ恥さらしじゃないか。

そうおじけづいてしまった。

それでもまわりに説得され、いやいや大会にのぞんだウサイン。

おっかなびっくり競技場に入ると、

「ボルト！　ボルト！」

という大歓声《かんせい》が彼《かれ》の耳と心臓をぺちゃんこにした。

「これはいったいなんだ⁉　おれはここで何をやってるんだ？」

しばらくぼうぜんとしたのち、気を取り直してスパイクシューズをはこうとして、
早くも困難にみまわれた。

足のかかとがスパイクに入らない。
なぜだ。
何分もスパイクと格闘《かくとう》する。
ようやく、左右をまちがえてはこうとしていたことに気がついた。
そんな緊張《きんちょう》状態でも、ようしゃなくやってくるレースの開始時刻。
スタートラインにつくウサインは、まるで彫刻《ちょうこく》のようにかちこちだ。
号砲《ごうほう》が鳴る。
ウサインは、かたまったまま動けない。
なんとか足をふみだしたが、完全にビリだ。

## 王者の予感

しかし走り出した瞬間《しゅんかん》、彼《かれ》の中でスイッチが入った。

背中をぐいぐいおされているような感覚で勢いをまし、他のランナーを追いぬいていく。

そして彼《かれ》は、1位でフィニッシュした。

観客席がわきたつ。史上最年少での優勝だ。

だれかからジャマイカ国旗を手わたされた。

ウサイン・ボルトは国旗を自分の肩《かた》にまき、観客席に近づいていって無意識に敬礼をした。

「ライトニング・ボルト！」

大観衆がそれにこたえた。

これがボルトと観客との間の、最初の交流だった。

観客と目をあわせ、喜びをわかちあいながら、彼《かれ》は感じていた。

「おれはこれから、何度もこれをくり返していくんだ」

## コーチに厳しくしごかれる

スターの階段を順調にあがっていく間も、ボルトの性格は相変わらずやんちゃだった。

勉強はなまけてばかりで、いつも先生に追いかけられていた。

陸上競技でも、つらい４００メートル走トレーニングからのがれるためにケガをしたふりをするほど。

それでも、彼《かれ》が大会で本気をだすと、かなう者はいなかった。

だが、高校を卒業して本格的なトレーニングをはじめると、うって変わって苦しい毎日がはじまった。

オリンピックメダリストを何人も育てた実績《じっせき》をもつコーチが、ボルトに過酷《かこく》な練習をかしたのだ。

あっというまに、ボルトの体は痛みでいっぱいになってしまった。

とくに痛かったのが背中とハムストリング（太ももの筋肉）。

でも、ボルトがどんなに「痛い、むりだ」とうったえても、コーチはトレーニングをゆるめようとしなかった。

他の選手たちはそのトレーニングに耐《た》え、結果をだしていたからだ。

それまでのボルトのなまけがちな性格や態度もあって、必死のうったえをなかなか信じてもらえなかった。

２００４年のはじめ、ボルトは２００メートル19秒93というタイムで世界ジュニア記録をぬりかえ、17歳《さい》の若さでアテネオリンピックでのメダルを期待される存在になった。

だが、当のボルトは不安でいっぱいだった。

こんなに体じゅうが痛いのに、このままでいいはずがない。

これを乗りこえれば強くなれるんだ

案のじょう事故は起きた。

練習中に、ハムストリングを負傷してしまったのだ。

２００４年の前半をほとんどリハビリについやしたボルトは、さらにショックな現実に向きあうことになる。

検査の結果、彼《かれ》には脊椎側弯症《せきついそくわんしょう》という障がいがあることがわかった。

彼《かれ》の脊椎《せきつい》は生まれつき曲がっていて、成長や過酷《かこく》なトレーニングによって、症状《しょうじょう》が悪化していた。

全身をおそう痛みは、これが原因だったのだ。

ボルトの競技人生はそれ以降、脊椎側彎症《せきついそくわんしょう》との戦いとともに進むことになる。

ケガからの回復が完全でない状態で出場したアテネオリンピック。

２００メートルを予選落ちしたボルトにジャマイカじゅうから批判があつまった。

「本番のプレッシャーに弱い」

と言われ、週末に仲間と羽根をのばしていることなども大げさに責め立てられた。

まだ10代だったボルトにとって、ひとびとのこの無理解はつらかった。

でも、彼《かれ》には確かな自信があった。

適切なトレーニングをして力を発揮できれば、おれは世界のナンバーワンになれる。

いや、絶対になってやる。

ボルトは、彼《かれ》の状態に合ったトレーニングをしてくれるコーチを探し、グレン・ミルズに出会った。

ミルズコーチは最善のトレーニング方法を研究し実践《じっせん》しただけでなく、ボルトがトレーニングに前向きに取り組めるよう心の状態にも気を配った。

トレーニングは楽ではないどころか、体の弱点を補強しさらに力をつけるために、さらなる痛みをともなうものだった。

　でもボルトは、

「今が乗りこえるべき瞬間《しゅんかん》なんだ。これを乗りこえれば強くなれるんだ」

　と信じて走りきった。

　そして２００７年、ボルトは36年間やぶられていなかった２００メートルのジャマイカ記録を０・１秒以上更新《こうしん》する19秒75を記録した。

## ４００メートルはいやだ！

　さて、じつはこの２００７年まで、ボルトは大会で１００メートルを走ったことがない。

　なぜなら、高い身長のせいでスタート時の飛び出しや加速に時間がかかるため、短時間で競う１００メートルは不向きだと思われていたからだ。

　そんな彼《かれ》が１００メートルをはじめたきっかけは、

「４００メートルがいやだったから」

強さとスタミナをますために２種目に取り組むことになったとき、４００メートルも走るのなら１００メートルのほうがましだと思った、という消極的な理由からだった。

ボルトはコーチたちの予想をうらぎり、ためしに出場した大会の１００メートルで10秒03をだして優勝した。

そして１年後には、なんと９秒72の世界新記録をマークしてしまったのだ。

## 何かと話題の最強王者

２００８年。

21歳《さい》のボルトは、１００メートル、２００メートルの金メダル最有力候補として、北京オリピックに出場する。

ボルトはまず、選手村でチキンナゲットを１日１００個、毎日たいらげるという伝説を生んだ。

提供される食事がジャマイカ人の自分には合わないという理由だった。

## ウサイン・ボルト

チームメイトたちが努力してバランスのよい食事をとっているのを横目に、好物のナゲットばかりを食べつづけたというのはいかにも彼《かれ》らしい。

100メートル決勝の直前には、ミルズコーチが彼《かれ》の肩《かた》に手を乗せた瞬間《しゅんかん》に大げさによろけて顔をゆがめ、

「コーチがボルトにケガをさせた⁉」

と会場じゅうを大さわぎさせるという悪ふざけをした。

そしてレースがはじまると、まわりを引きはなしてゆうゆうと1位でフィニッシュ。

記録は、自分が出したばかりの世界記録をさらにちぢめる9秒69だった。

観衆は目を見張った。

こんなにユニークでしかも強い選手、今までにいただろうか？

### 世界記録を連続更新《こうしん》

ボルトはスタンドにかけよると、天に弓を引くポーズ――「ライトニング・ボルト」ポーズを決めた。

その映像や画像は、またたく間に世界じゅうに伝わった。

２００メートルでも19秒30の世界新記録をマークして、２冠《かん》。

世界じゅうでボルト・フィーバーが起こらないはずはなかった。

翌年の世界選手権では、１００メートルで人類初の９秒５台となる９秒58。

２００メートルでも自身のもつ世界記録を更新《こうしん》する19秒19で優勝。

レース前に神経質になったり極度の集中状態に入ったりしているライバルたちをしり目に、ダンスをしてみせたりコーチや仲間とじゃれるなど、まわりを楽しませるようがまた観客を夢中にさせた。

## フライングで失格に

２０１０年、ボルトは体のトラブルが重なったこともあって１年間の休養をとった。

陸上の世界の時計は速い。

復帰したとき、有望な若い選手たちがボルトのかわりに世界一になろうと名乗りをあげていた。

そのプレッシャーのせいか、復帰後のボルトは、なかなかおもいどおりのレースができず、２０１１年世界陸上選手権では信じられないような失態を演じてしまう。

いつになく緊張《きんちょう》して１００メートルの決勝にのぞんだ彼《かれ》は、

「いいスタートを切らなければ」

と思うあまり、フライングをして失格になってしまったのだ。

数日後の２００メートル決勝を、ボルトは不安のなかでむかえた。

## 陽気なボルトの礼節

しかしそんな彼《かれ》を救ったのが、観衆の大歓声《かんせい》だった。

みんなが彼《かれ》に向かって手をふり、エールを送っていた。

ボルトはスタンドの観客の子どもたちとあいさつをして、ジョークを言い合った。

彼《かれ》のなかから、いやな緊張《きんちょう》がスーッと引いていった。

「そうだ、レースを楽しむんだ。

いつもそうしておれはチャンピオンになってきたんじゃないか」

結果は、みごとな優勝だった。

2012年ロンドン大会では、100メートル、200メートル、4×100メートルの3冠《かん》を達成。

この大会では、あるシーンが話題になった。

競技場でボルトが取材をうけていたとき、別の競技の表彰《ひょうしょう》式がフィールド上ではじまり、アメリカ国歌が流れはじめた。

かまわず質問をつづけようとするインタビュアーをボルトは静かに制し、国歌に耳をかたむける。

そして演奏が終わると、何事もなかったように質問へのうけ答えを再開した。

自分と関係のない競技にも敬意をしめす、ボルトの人間性のあらわれだった。

## 最後の大会、最後のメダル

ボルトはつねにケガや痛みと戦っていたが、なやみや不安をまわりには決して見せず、走りとパフォーマンスでひとびとを楽しませつづけた。

自分が観客を楽しませることで、観客の方もボルトに大きな力をくれることを彼《かれ》は知っていたからだった。

２０１６年。

ボルトにとって４大会目のオリンピック、そして前人未到《みとう》の２種目３連覇《れんぱ》をめざすリオデジャネイロ大会が幕を開けた。

29歳《さい》、苦労のせいか髪《かみ》には白髪《しらが》が混じるようになっていたが、その陽気なキャラクターは健在だ。

だが大会にのぞむにあたり、これまでの３大会とはちがう決意をボルトは言葉にしていた。

「これが最後の大会。金メダルを守ること、それがおれのすべてだ」

## 圧巻のゴール

１００メートル決勝の競技場に、彼《かれ》は姿をあらわす。

大声援《せいえん》を送る観衆と、両手を広げてこたえるボルト。

レースがはじまった。

第６レーンで大きな体がぐんぐんと加速する。

左右の選手たちを逆V字の形に引きつれて、親指で自分を指さしながらフィニッシュ。

おなじみの「ライトニング・ボルト」ポーズに観衆はかっさいをおくった。

４日後の２００メートル決勝。

前半からトップに立ったボルトは圧巻の独走でゴールしたあと、観客のもとに向かう前に、トラックにひざまずいてキスをした。

まるで、陸上競技そのものに感謝と別れを告げているようだった。

ここまで来られたのは、観客のおかげ

大会最終日の４×１００メートルではアンカーとしてチームを金メダルに導き、ロンドン大会につづく3冠《かん》を達成。

最後にボルトはスタンドに向かって、何度も何度も大きな身ぶりで礼をした。

その姿は、舞台《ぶたい》上でくり返し客席に感謝を伝える主演俳優そのものだった。

「金メダルをいくらとっても、プレッシャーにおそわれつづけてきた。

それが終わってホッとしているけれど、オリンピックが自分からなくなってしまうのはさびしい。

おれがここまで来られたのは、エネルギーと心の高まりをくれた観客のおかげだ。

おれにとってファンは、まさに自分自身だったよ」

記録もすごいが、それだけではない。

楽しんで、楽しませて勝つ。

ボルトの走る競技場はいつでも、高揚《こうよう》感にみちた幸せな大空間だった。

【参考文献】
『ウサイン・ボルト自伝』ウサイン・ボルト（集英社）２０１５
『陸上競技マガジン２０１６年10月号』（ベースボール・マガジン社）２０１６
『心にのこるオリンピック・パラリンピックの読みもの　別巻』（学校図書）２０１７

# 第9章

# 世界ランキング1位に輝く、車いすテニス界のレジェンド

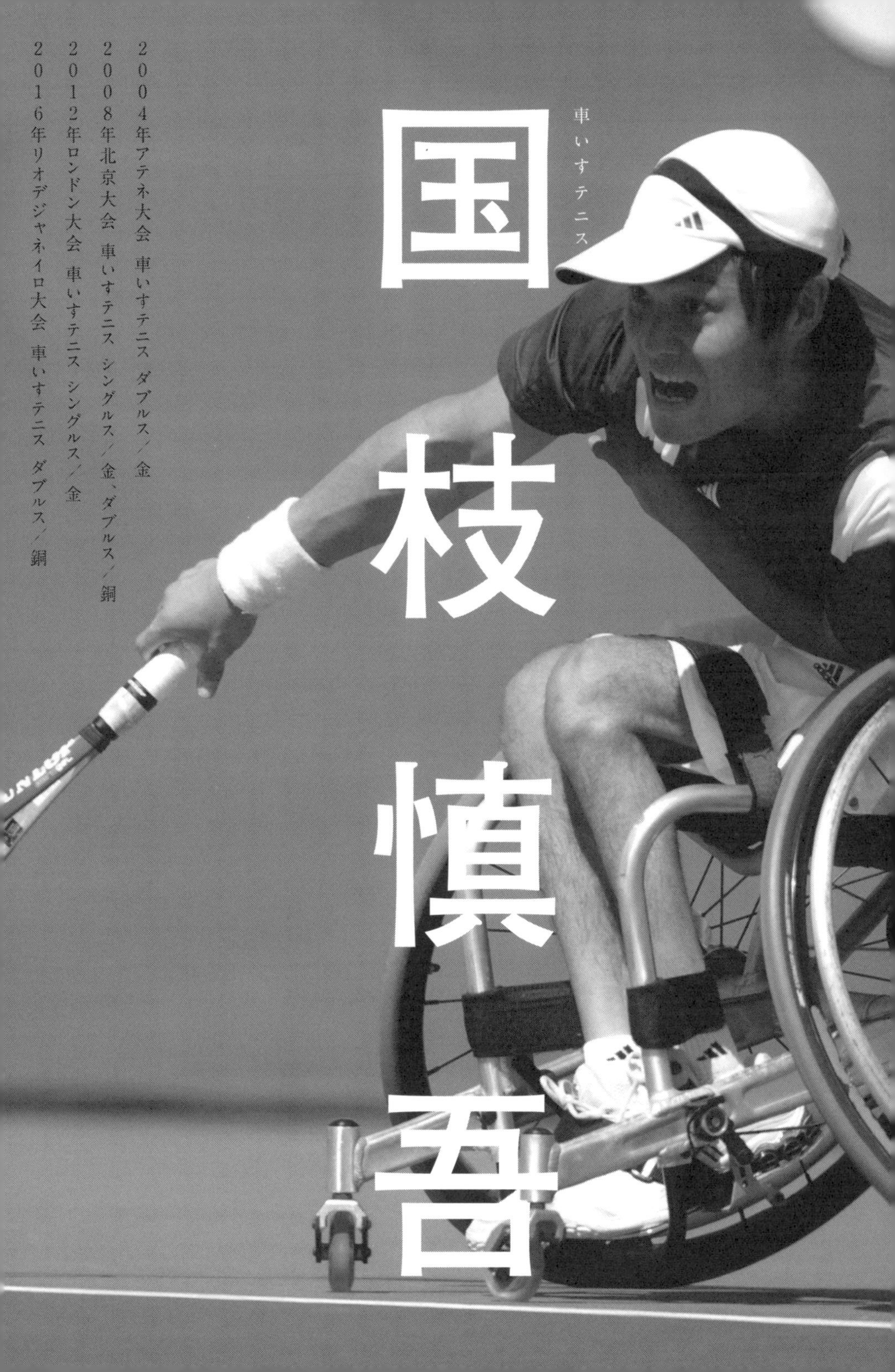

車いすテニス

# 国枝慎吾

２００４年アテネ大会　車いすテニス　ダブルス／金
２００８年北京大会　車いすテニス　シングルス／金、ダブルス／銅
２０１２年ロンドン大会　車いすテニス　シングルス／金
２０１６年リオデジャネイロ大会　車いすテニス　ダブルス／銅

# 世界歴代最多の優勝記録

車いすテニスは、テニスそのものの技術はもちろん、腕《うで》で車いすをすばやく正確にコントロールするチェアワーク（車いすのフットワーク）が勝負のかぎをにぎる。

車いすを前後左右たくみにあやつり、ラケットを持つ片手一本で力強くボールを打ち返す、とてもハードなスポーツなのだ。

国枝慎吾《くにえだしんご》はとくいのバックハンドを武器に、四度出場したパラリンピックでシングルスとダブルスあわせて3つの金メダルをかくとくした世界のトッププレーヤーだ。

2006年にはアジア人初の世界ランキング1位の座につき、テニスの世界4大大会「グランドスラム」の車いす部門で、男子世界歴代最多の計42回（シングルス22回・ダブルス20回）の優勝記録を打ち立てたレジェンドなのだ。

世界を舞台《ぶたい》に全力で戦う国枝《くにえだ》の活躍《かつやく》は、日本の障がい者スポーツのイメージを大きく変えた。

そして、障がいをもつ子どもたちにも夢と希望をあたえつづけている。

## フェデラーが絶賛したクニエダ

まだ錦織圭《にしこりけい》が世界で活躍《かつやく》する前。

スイスのプロテニスプレーヤー・ロジャー・フェデラーに、

「なぜ日本のテニス界には、世界的な選手が出てこないのか」

と日本人の記者が質問をした。

するとフェデラーは、

「何を言っているんだ、君は？　日本にはクニエダがいるじゃないか！」

と答えたという。

また、そのころ世界ランキング１位だったフェデラーが、１年間でテニスの４大大会を制覇《せいは》するグランドスラムを達成するのはいつかとたずねられると、

「ぼくより、クニエダのほうが先に達成するだろう」

と語っている。

フェデラーは、史上最高のテニスプレーヤーとよばれるほどの実績《じっせき》をもつ。

世界的なスーパースターだ。

そのフェデラーが実力を認め、敬意をもって語る「クニエダ」こそ、車いすテニスの絶対王者、国枝《くにえだ》慎吾《しんご》なのだ。

そして2007年、国枝《くにえだ》は、車いすテニス史上初の年間グランドスラム（4大大会制覇《せいは》）を達成した。

フェデラーが予測した、その年のことだった。

## 車いすバスケットボールで身につけた操作技術

9歳《さい》の春、スポーツがとくいで野球チームに入っていた国枝《くにえだ》は、とつぜん腰《こし》の痛みを感じた。

病院で精密検査をうけたところ、脊髄《せきずい》に腫瘍《しゅよう》が見つかった。

翌日すぐに手術をうけたが、下半身まひのため、もう両足は動かなくなっていた。

半年間の入院ののち、車いすでの生活がはじまった。

3キロほどはなれた小学校にも、1人で通った。

# 国枝慎吾

国枝《くにえだ》が車いすテニスと出合ったのは、それから2年後のことだ。

近所に車いすテニスを教えるクラブがあると聞いた母親とともに、千葉県柏市《かしわし》の吉《よし》田《だ》記念テニス研修センターをおとずれた。

当時の日本では、車いすテニスの指導をするクラブは、ほかにはほとんどなかった。

そのころ11歳《さい》、小学校6年生の国枝《くにえだ》は、車いすをうまくあやつりながら、学校の友だちとバスケットボールを楽しんでいた。

最初はテニスにあまり興味がなかったものの、やってみるとバスケットボールで身につけた車いすの操作技術が役に立った。

おもしろくなって練習に打ちこむうちに、めきめきと実力をつけていった。

## テニス選手のプロになる夢

高校1年になり、はじめての海外遠征《えんせい》でオランダをおとずれたときに、車いすテニスのプロ選手がいることを知る。

「自分もそうなりたい！」

プロになる――。

将来の目標が見つかると、車いすテニスへの向き合い方が変わってきた。

そして17歳《さい》のとき、運命的な出会いがあった。

二人三脚《きゃく》でともに世界で戦いつづけることになる丸山弘道《まるやまひろみち》コーチに、テニスクラブで声をかけられたのだ。

丸山《まるやま》コーチは、国枝《くにえだ》の「飛びはねるような、躍動《やくどう》感のある動きにひとめぼれした」という。

車いす操作のセンスもばつぐんだった彼《かれ》の才能を見ぬき、世界で活躍《かつやく》できる選手に育てたいと思ったのだ。

「世界をめざしたいか？」

「やってみたい」

国枝《くにえだ》も、そうこたえた。

それからは本格的に競技に取り組んで技術をみがき、海外ツアーにも参戦するようになる。

テニスの実力はめざましく向上し、世界ランキングもどんどん上がっていった。

そして、20歳《さい》のときにはじめて出場したパラリンピック、２００４年アテネ大会では、同じクラブの先輩《せんぱい》齋田《さいだ》悟司《さとし》と組んだダブルスで、みごとに金メダルをかくとく。シングルスでは、各国の強敵を相手にベスト８まで進んだ。

「パラリンピックのシングルスで優勝してこそ、真のチャンピオンになれるんだ」

次の北京大会でシングルスの金メダルを勝ちとることが、大きな目標になった。

そして、サーブやすべてのショットをレベルアップさせるとともに、１日に１０００回もバックハンドの素振《すぶ》りをしてフォームをかためるなど、練習にはげんだ。

## おれがナンバーワンだ

海外を連戦する国枝《くにえだ》をささえる、もうひとつの大きな出会いがあった。

オーストラリア人のメンタルトレーナー、アン・クインさんだ。

世界ランキングを10位にまで上げた２００６年、全豪《ごう》オープンに出場したときのカウンセリングで、「自分がナンバーワン（世界最強）になれるとおもいますか？」と聞かれ、「なりたい」と答えた。

すると、

「これからは『ナンバーワンになりたい』ではなくて、『おれがナンバーワンだ』と断言するトレーニングをはじめましょう」

と指導され、まわりにライバルたちもいる選手用のレストランで、

「オレは最強だ」

と言わされた。

とてもはずかしかったが、大声でさけぶまで終わらせてくれない。

それからは毎朝、鏡の前で「オレは最強だ！」とさけびつづけた。

はじめは半信半疑だったが、毎日つづけているうちに、自分の中に変化があらわれた。

テニスの試合は、長引くと3時間以上かかることもある。

そうすると試合中、つかれて集中力が乱れ、気持ちに波が出てくる。

サーブを打つ前に「失敗してしまうかも……」と弱気になってしまうこともある。

そんな気持ちのまま打つと、必ずミスをしてしまう。

でも「オレは最強だ！」と口にだすと、弱気がパッと消えることに気づいたのだ。

今もラケットに刻んでいる「オレは最強だ！」の言葉。

これは、国枝《くにえだ》に自信と勇気をあたえてくれるものなのだ。

## 本当にナンバーワンに

こうしてメンタル面も強くなり、さらに練習に打ちこんで新たな技術を習得した国《くに》枝《えだ》の快進撃《かいしんげき》がはじまった。

２００６年10月には、ついに世界ランキング1位に上りつめる。

本当に「世界最強」となったのだ。

そして、翌年の２００７年全豪《ごう》オープン・シングルスで優勝。シングルスでは、はじめて4大大会のタイトルを手にした。

波に乗った国枝《くにえだ》は、つづいてジャパンオープン、ブリティッシュオープン、全米ウィールチェア大会も制し、当時の車いすテニス男子シングルスの年間グランドスラムを達成する。

かつてフェデラーが予測したとおり、圧倒《あっとう》的な強さで、史上初の偉業《いぎょう》をなしとげたのだ。

そして、２回目のパラリンピック出場となった２００８年北京大会。

男子シングルス決勝で、前大会の金メダリスト、オランダのロビン・アマラーンと対戦した。

第１セット６－３、第２セット６－０で強敵を圧倒《あっとう》。

アテネ大会でベスト８に終わったくやしさを見事に晴らして、念願だったシングルスの金メダリストとなったのだ。

勝利が決まった瞬間《しゅんかん》、思わずラケットから手をはなし、両手で顔をおおった。

涙《なみだ》とともに、夢をかなえた格別のうれしさがこみあげてきた。

## どんどん楽しくなってきた

翌２００９年、ルールの改正があり、グランドスラムにあたる車いすテニスの大会が全米、全仏《ふつ》、全豪《ごう》の３つになった。

国枝《くにえだ》は２００９年、２０１０年も年間グランドスラムを達成し、シングルスも負けなしの１００連勝をこえた。

プロ車いすテニスプレーヤーとなってのぞんだ、２０１２年ロンドン大会。男子シングルス決勝の相手は、かつて国枝《くにえだ》の連勝記録を「１０７」で止めた最大のライバル、フランスのステファン・ウデだ。

試合がはじまってすぐに、国枝《くにえだ》は北京大会とのちがいを感じた。

「とてつもないプレッシャーのなかで戦っていたはずなのに、どんどん楽しくなってきて、プレーしながらびっくりしてました」

国枝《くにえだ》はウデの力強いショットにひるむことなく、すばやい車いすさばきでボールに追いつき、ポイントを決める。

ときには10往復もつづくラリーもあったが、集中力をきらすことなくプレーをつづけた。

## 絶対王者への試練

結果、６－４、６－２で勝利して金メダルにかがやき、男子シングルス史上初のパラリンピック２連覇《れんぱ》をなしとげた。

さらに２０１４年、２０１５年もふたたび連続で年間グランドスラムを達成。驚異《きょうい》的な強さを見せつづけた。

それは、世界じゅうのだれもが認める、車いすテニスの絶対王者の姿だった。

だが、絶対王者・国枝《くにえだ》に、最大の試練がおとずれる。

２０１５年10月に全米オープンを制覇《せいは》したあと、長年にわたる連戦で右ひじの痛みがひどくなったのだ。

おおくのテニスプレーヤーが経験する、いわゆる「テニスひじ」とよばれる症状《しょうじょう》だ。とくい技であるバックハンドによるひじへの負担が、大きな原因だった。

## パラリンピック３連覇《れんぱ》をかけて

２００９年の秋にも右ひじを痛めており、２０１２年にはロンドン大会の前に手術を決断した。

そのときの手術は成功して順調に回復し、筋力トレーニングをつづけた効果もあって、ロンドン大会では頂点に立つことができた。

だが、その右ひじがまた痛みだしたため、十分な練習ができない。

2016年1月の全豪《ごう》オープンでは、4大大会ではじめて初戦で敗退し、世界ランキングも1位の座からすべり落ちた。

夏には、パラリンピックのシングルス3連覇《れんぱ》がかかるリオデジャネイロ大会がひかえている。

国枝《くにえだ》は、ふたたび手術をうけることにした。

リオ大会での金メダルの確率を少しでも上げるための決断だった。

しかし、手術をしても経過は思わしくなく、6月の全仏《ふつ》オープン開幕前の練習中に痛みが再発。

それでも試合には出場した。

……だが準決勝で敗退してしまう。

## やっとにぎれたラケット

リオ大会まで、残された時間は3か月ほどしかない。

「パラリンピックは、グランドスラム大会とはくらべものにならないほど特別で、こわい場所」

そう考える国枝《くにえだ》は、治療《ちりょう》とリハビリに専念する日々に、心が折れそうになった。

そんな彼《かれ》の心のささえとなったのは、17歳《さい》のときから苦楽をともにしてきた丸山《まるやま》コーチ、そして妻をはじめとする家族の存在だった。

7月なかばから、やっとラケットをにぎってボールを打ちはじめる。

8月に入ると復活のきざしが見えはじめた。

だが、リオ大会開幕まであとわずかだ。

とても万全とは言えないコンディション。

パラリンピック「チャンピオン」の国枝《くにえだ》は、「チャレンジャー」としてリオ大会にいどむことになった。

## 本来のプレーができない

9月、いよいよリオ大会が開幕した。

シングルス初戦（2回戦）の相手は、ブラジルのダニエル・ロドリゲスだ。

地元の選手への応援《おうえん》で盛り上がる完全アウェーで、まずはしっかりとストレート勝ちを決める。

3回戦では中国の董順江《トウジュンコウ》にもストレートで勝利し、準々決勝に進んだ。

だが試合の内容は、ダブルフォールトがいくつもあったりと、本来のプレーとはほど遠いものだった。

準々決勝であたるベルギーのヨアキム・ジェラールは、これまで12勝2敗と大きく勝ち越《こ》している相手だ。

だが相手のサーブに苦戦をしいられ、ストレートで完敗。

パラリンピック3連覇《れんぱ》はならなかった。

## まだダブルスがある

パラリンピック直前のだいじな時期に実戦をはなれ、調整の時間が足りなかったことが大きな敗因だった。

「試合の勘《かん》が完全にもどりきっていなくて、この3日間、すごく苦労していました」

と、くやしげにふり返った。

「本当に苦しい1年でした」

だがリオ大会は、まだ終わりではなかった。

ダブルスがある。

気持ちを切りかえた国枝《くにえだ》は、齋田《さいだ》と組んだダブルスで3位決定戦に勝利。

銅メダルをかくとくした。

シングルスでのくやしいおもいをぶつけて手にした銅メダル。

右ひじの痛みに苦しみ、「勝って当たり前」という王者ならではのプレッシャーとも戦いながらつかんだメダルだけに、喜びもひとしおだった。

最後のショットで勝利が決まると、思わず齋田《さいだ》とだきあった。

まだ若い者には負けられない！

国枝《くにえだ》の目からは涙《なみだ》があふれ、しばらく止まらない。

## 国枝慎吾

「念願の金メダルとはならなかったが、メダルがあるかないかでは大きなちがい。この銅メダルが、今後の自分のささえになることはたしかです」

そして、

「まだ若い者には負けられない」

と語ったとおり、２０１８年には全豪《ごう》、全仏《ふつ》で優勝。

世界ランキング１位に返り咲《ざ》いた。

国枝《くにえだ》をずっとそばで見守り、指導してきた丸山《まるやま》コーチは、彼《かれ》についてこう語る。

「結果ばかりが注目されがちですが、彼《かれ》は努力の天才です。プレーで追いこまれると、ラケットを見て『何万回打ってきたんだ！』と鼓舞《こぶ》します。それは本当にやってきた人しか言えない言葉ですよ」

一時はリオ大会での引退を考えていた国枝《くにえだ》。

だが、それをおもいとどまらせ、現役続行を決めたのは、２０２０年東京大会の開《かい》催《さい》が決まったことだ。

自国開催《かいさい》のパラリンピックでプレーしたい！

自分のテニス競技人生の集大成であると同時に、もうひとつの夢をかなえるために。

まだ日本では、パラスポーツを観戦する機会はおおくない。

一方、2012年ロンドン大会で、観客はパラリンピックを一般《いっぱん》の「競技スポーツ」として観戦した。

声援《せいえん》をおくって、選手のパフォーマンスを楽しんでいた。

東京でおこなわれるパラリンピックも、そんな大会になってほしい。

健常者と障がい者の枠《わく》を取りはらい、純粋《じゅんすい》にスポーツを楽しく見て応援《おうえん》してもらえる大会にしたい。

そのためには、「車いすでもこんなプレーができるんだ」と観客におどろいてもらいたい。

## 自分にできることは、「最強」でいること

世界を舞台《ぶたい》にした活躍《かつやく》が目立つ国枝《くにえだ》が、日本国内でプレーを披露《ひろう》する機会は少ないのが現実だ。

「自分にできることは、予想をこえるパフォーマンスを見せること。

それが、集客につながると思う」

２０２０年、東京パラリンピックの会場を観客で満員にすることが、国枝《くにえだ》の新たな夢だ。

その夢を実現するため、まだまだ国枝《くにえだ》は進化しつづける。

自分をふるいたたせる魔法《まほう》の言葉、「オレは最強だ！」とともに、車いすテニスの魅力《みりょく》を伝える国枝《くにえだ》の挑戦《ちょうせん》は止まらない。

【参考文献】

『すごいぞ！オリンピック・パラリンピックの大記録』（講談社）２０１６
『Ｎｕｍｂｅｒ９／９特別増刊号別冊付録　アスリートを支える絆。』（文藝春秋）２０１６
『世界に感動をあたえた日本人〔上〕スポーツ　国際理解・平和編』（評論社）２０１７
『心にのこるオリンピック・パラリンピックの読みもの　別巻』（学校図書）２０１７

# 第10章

# 「理想のレスリング」を追い求めて、オリンピック4連覇を達成！

レスリング

# 伊調馨

2004年アテネ大会 63キロ級／金
2008年北京大会 63キロ級／金
2012年ロンドン大会 63キロ級／金
2016年リオデジャネイロ大会 58キロ級／金

# オリンピック4連覇《れんぱ》の偉業《いぎょう》

女子のレスリングで無敵の強さをほこった伊調馨《いちょうかおり》。

吉田沙保里《よしださおり》と同じく、連勝をつづけた「不敗神話」でも知られている。

世界選手権での優勝は10回。

ケガによる不戦敗を除くと、２０１６年1月の国際大会で敗れるまで、２００３年から13年間にわたって「１８９連勝」を記録した。

「理想のレスリング」を追い求め、勝敗よりも試合の内容にこだわるスタイルをくずさない。

たとえ金メダルをかくとくした試合でも、自己採点はたった「30点」と、自分にきびしい。


なにより、馨《かおり》の名を世界にとどろかせたのは、女子選手としてオリンピック史上初の、個人種目「４連覇《れんぱ》」という偉業《いぎょう》だ。

だいじな試合にのぞむ馨《かおり》のそばには、いつも、同じレスリングに打ちこんできた姉、千春《ちはる》の姿があった。

## ワレリア・コブロワゾロボワとの決勝

２０１６年リオデジャネイロ大会。

開幕から13日目の8月17日。

この日、レスリング女子58キロ級の決勝がおこなわれる。

世界じゅうの注目が、１人の日本の女子選手にあつまっていた。

その彼女《かのじょ》こそ、伊調馨《いちょうかおり》。

アテネ、北京、ロンドンと３大会つづけて63キロ級を制覇《せいは》。

今大会は階級変更《へんこう》（４階級→６階級）にともなって58キロ級での挑戦《ちょうせん》だ。

まだだれもなしとげていない「４連覇《れんぱ》」を達成するのか。

はたまたそれをストップする強敵があらわれるのか――。

２回戦から登場した馨《かおり》は、圧倒《あっとう》的な強さで、決勝まで順調に勝ち進む。

そしてむかえた決勝戦の相手は、ロシアのワレリア・コブロワゾロボワ。

２０１４年の世界選手権で準優勝している実力者だ。

２０１２年の女子ワールドカップ団体戦決勝では、あの吉田沙保里《よしださおり》に勝利している。

## ポイントをうばえない

レスリングは、１ピリオドにつき３分たたかう。

試合では２ピリオド（計６分）でおこなわれる。

場外におしだすと１点、背後に回ると２点、投げて危険な体勢に追いこむと４点など、技に応じて得点が入る。

気迫《きはく》あふれるひきしまった表情で決勝にのぞんだ馨《かおり》。

第１ピリオドでは先に１ポイントを先制する。

だが、攻撃《こうげき》をしかけてタックルに入ったところを返され、逆にバックを取られて２点を失い、逆転された。

1－2とリードを許し、追う展開となる。

つづく第2ピリオドでは反撃《はんげき》を試みる。

だが守りに意識を置く相手に、なかなか攻撃《こうげき》の形をつくることができない。

ポイントをうばえないまま、試合時間を示すタイマーの数字が、無情にもどんどん6：00に近づいていく……。

このまま時間が過ぎれば、馨《かおり》の負けだ。

## 最後のチャンスだとおもって取りにいった

残り30秒、コブロワゾロボワがタックルにきたところを、馨《かおり》はのがさずつかまえた。

「ここしかない！」

相手につかまれた右足を必死で引きぬくと、試合終了《しゅうりょう》間際の残り4秒で、たくみにバックをとった。

2点を加えて逆転。

そのまま終了《しゅうりょう》のホイッスルが鳴り、3－2で勝利を決めた。

まさに土壇場《どたんば》での劇的な逆転勝利。
そしてオリンピック4連覇《れんぱ》達成の瞬間《しゅんかん》。
試合会場は歓声《かんせい》でわきかえった。
「相手がタックルに入ってきてくれた。
最後のチャンスだとおもって取りにいった」
最後まであきらめない気持ちでチャンスをものにした。
執念《しゅうねん》で勝利を手にしたのだ。
勝ち名乗りをうけ、レフェリーに高々と右手をあげられる。
馨《かおり》はホッとした表情をうかべた。

## 馨《かおり》なら、ぜったいだいじょうぶ

ふだんは、勝っても派手に喜んだり、パフォーマンスをしたりしない。
そんな冷静な馨《かおり》だが、わたされた日の丸をかかげてマットを1周し、涙《なみだ》をうかべた。
そしてマットを降りる際には、試合場に向けて深々と礼をした。

「オリンピックは４年に一度だし、この舞台《ぶたい》をめざしてきたので、その区切りとして『ここまで導いてくれてありがとう』と、たくさんの人への感謝の気持ちをこめました」

馨《かおり》の姉で、２００４年アテネ、２００８年北京大会の２大会連続銀メダリストの千《ち》春《はる》も、会場のスタンドで、妹の４連覇《れんぱ》達成の歓喜《かんき》の瞬間《しゅんかん》を見守っていた。

「最後の最後に、ああやって逆転するのは馨《かおり》らしいな」

うれしくて何度も飛びあがった千春《ちはる》は、スタンドの最前列に降りてきた。

馨《かおり》が千春《ちはる》のもとへまっさきにかけよる。

そして千春《ちはる》にだき寄せられると、涙《なみだ》をあふれさせた。

姉とともに父と兄、そして２年前に亡くなった母・トシの遺影《いえい》も、馨《かおり》を見守っていた。

いつも伊調《いちょう》姉妹の試合を応援《おうえん》し、ささえつづけてくれた母だった。

「試合には、必ず勝たないと。
馨《かおり》なら、ぜったいだいじょうぶ！」

そうくり返す母の言葉に、何度も勇気づけられてきた。

試合前には、天井を見あげて、

「金メダルをとるから、いい試合をするから」

と母に語りかけ、優勝を誓《ちか》っていた。

「最後は、お母さんが助けてくれたとおもいます」

馨《かおり》は涙声《なみだごえ》でインタビューにこたえ、試合をふりかえる。

「内容は『ダメダメ』で、もっといい試合をしたかったというくやしい気持ちと、申しわけない気持ちでいっぱいです」

この日の自己採点を求められると、

「なんとか30点。

金メダルの分が25点で、試合は５点。

金メダルをとったことはまんぞくですけど、レスリング選手としては『出直してこい』という感じ。

やっぱりレスリングは難しい」

と、相変わらず自分にきびしく、高い理想を口にする、ふだんの姿にもどった。

オリンピックの表彰《ひょうしょう》台で聞く、四度目の君が代。

国歌を口ずさむ。

ゆっくりと上がっていく日の丸を見つめる。

馨《かおり》は、そのまま天をあおいで目をつぶった。

それは、空の上から温かく見守ってくれていた母へ、

「ありがとう」

と感謝の想いを伝えているようだった。

金メダルにこめられた、
たくさんの人の気持ち

「前のメダルより、重い気がする」

今回の金メダルは、過去のものとはちがうと感じられた。

周囲からの「4連覇《れんぱ》」への期待は、大きなプレッシャーとなって馨《かおり》にのしかかっていた。

もちろん自分自身も「勝ち」という結果にこだわっていた。

慎重《しんちょう》になり、とても緊張《きんちょう》していて、恐怖《きょうふ》すら感じていた。

だが、この金メダルには、自分を応援《おうえん》してくれた、たくさんの人たちの気持ちが入っている……。

カメラマンのリクエストにこたえて、金メダルを左手で持ちあげながら、右手では親指を曲げた４本の指でポーズをとる馨《かおり》。

もちろん、４連覇《れんぱ》を意味する「４」だ。

そして、かがやく笑顔を見せて、金メダルにそっと口づけた。

「きつくて苦しくてつらい部分が多い４年間ですけど、終わってみるとオリンピックって本当にいいものだなとおもいます」

自分を信じるには、<br>練習するしかない

だが、千春《ちはる》は明かす。

「いっぱいケガもあり、両肩《かた》に痛め止めの注射を打って今回の試合に出てるんですが、そういうことはだれにも言っていないとおもいますし、つらさがあったと思う」

そんなに痛むほど肩がはれていたのは、タックルの練習をしすぎたせいだ。

「人が何百回と練習するところを、馨《かおり》は何万回ってやる子」

馨《かおり》も言う。

「いかに自分を信じることができるか。それには練習しかない」

4連覇《れんぱ》という栄光の陰《かげ》で、馨《かおり》は黙々《もくもく》と練習に集中し、人一倍、いや百倍もの努力を重ねてきたのだ。

## カウンター攻撃《こうげき》

伊調馨《いちょうかおり》を語るうえで、姉・千春《ちはる》の存在を欠かすことはできない。

青森県八戸市《はちのへし》で生まれ育った馨《かおり》は、4歳《さい》上の兄と、2歳《さい》上の姉についていくように、地元のレスリング教室に通いはじめた。

このとき姉の千春《ちはる》は5歳《さい》。

妹の馨《かおり》は3歳《さい》。

まだ、兄と姉のおまけといった感じで、マットの上でころがったり、かけっこをしたりして遊んでいた。

本格的にレスリングの道に進んだ馨《かおり》は、強豪《きょうごう》校として知られる中京女子大学（現在の至学館大学）へ進学し、めきめきと実力をつける。

相手に攻《せ》めさせ、その攻《せ》めをつぶし、カウンター攻撃《こうげき》をしかけて勝つ――。

長い手足とふところの深さを生かした、「守り」のレスリングがとくいだった。

## 2人でオリンピックに出よう！

２００４年アテネ大会から、オリンピックに女子レスリングが正式種目として採用されることが決まる。

国内での代表選びは激戦となった。

日本の女子選手は、当時から世界の女子レスリング界をリードする存在だった。

各階級で世界チャンピオンになるなど、選手の層が厚い。

各階級で選ばれる代表は、ただ１人という狭《せま》き門だ。

「２人でオリンピックに出よう！
いっしょに金メダルをとろう！」

# 伊調馨

まだレスリングが正式種目になるずっと前、小学生のころからの伊調《いちょう》姉妹の夢が、現実の目標となった。

姉の千春《ちはる》は几帳面《きちょうめん》で、めんどう見のいい、しっかり者。

妹の馨《かおり》はマイペースで、気分屋の甘《あま》えんぼうだ。

まったく性格のちがう2人だが、とても仲がよく、どこに行くのも何をするのも、いつもいっしょだった。

## 同時で世界王者に

48キロ級の千春《ちはる》と、63キロ級の馨《かおり》。

2人とも2003年の世界選手権で優勝し、女子レスリング史上初の姉妹同時世界王者となった。

先にアテネ大会の代表に決まったのは、馨《かおり》だった。

その後、馨《かおり》は自分の練習そっちのけで、代表入りをねらう姉・千春《ちはる》の練習相手を毎日つとめた。

「千春《ちはる》がいてくれることで、私は実力以上の力が出せる。

それはきっと、千春《ちはる》も同じ。

だから、アテネもぜったい、いっしょに行きたい。

そして、2人で金メダルをとるんだ！」

弱気じゃ勝てない
勇気をもって攻《せ》める

強い想いが通じて、姉妹で切符《きっぷ》をつかんだアテネ大会で、ついに2人は夢の実現に近づいた。

軽い階級から実施《じっし》されるレスリングでは、いつも千春《ちはる》の試合が先だ。

延長戦にまでもつれこんだ大接戦の決勝で、千春《ちはる》はわずかの差で判定負け。

おしい銀メダルだった。

「もうすこし積極的に攻《せ》めていれば、勝てたのに……」

姉妹で金メダルをとる約束をはたせなかった。

千春《ちはる》は、自分が先に負けてしまったことがくやしかった。

自分の弱気やおくびょうさが、試合に負けた原因だとさとった千春《ちはる》は、試合をひかえた妹・馨《かおり》にアドバイスした。

「勇気をもって、攻《せ》めるんだよ！」

姉の敗戦に大きなショックをうけ、

「千春《ちはる》が金メダルじゃないなら、私もいらない」

と泣いていた馨《かおり》は、その言葉にふるい立った。

「千春《ちはる》のためにも、必ず勝つ！」

## 千春《ちはる》といっしょにとった金メダル

姉・千春《ちはる》の言葉を信じ、馨《かおり》は果《か》敢《かん》に攻《せ》めて勝ちつづけた。

決勝戦ではアメリカのサラ・マクマンに逆転勝ち。

63キロ級の初代女王となった。

「千春《ちはる》が勇気をくれた。

これは、千春《ちはる》といっしょにとった金メダルです」

マットの上でとびはねて喜んだ馨《かおり》は、試合後に、そう語った。

つづく北京大会にも、伊調《いちょう》姉妹はそろって出場をはたした。

今度こそ「いっしょに金メダル」をねらったが、千春《ちはる》はふたたび銀メダルとなり、夢はかなわなかった。

だが同じ「銀」でも、千春《ちはる》の表情は前大会とはちがい、すがすがしかった。

自分のすべてを出しきって得た、まんぞくのいくメダルだったからだ。

## 千《ち》春《はる》の引退

いっぽう馨《かおり》はまたショックをうけた。

食事ものどを通らないほどだった。

だが、姉のぶんまで夢をかなえようと強い心をもって2連覇《れんぱ》をはたした。

決勝戦で勝利すると、マットにひざまずき、両手で顔をおおって泣いた。

これは、千春《ちはる》と2人分の金メダル、2人分のうれし涙《なみだ》だと。

この北京大会後に、千春《ちはる》は引退を表明した。

長い間、おたがいにささえあい、はげましあって戦いぬいてきた、同志の2人だ。

「お姉ちゃんがやめるなら、私も……」

一時はそう思った。

だが、レスリングにかける情熱がさめることはなかった。

1人で競技をつづけることになったが、姉妹のきずなの深さは変わらなかった。

## 勝つために変化する

2012年のロンドン大会を前に、馨《かおり》はとくいだった「守り」から「攻《せ》め」のスタイルに転向した。

いまや世界じゅうの選手から目標にされている。

馨《かおり》をたおすためにじっくり研究されていたからだ。

だが、新しく身につけた技がさえわたり、ロンドン大会でも金メダルをかくとく。

日本人選手としては柔道《じゅうどう》男子60キロ級の野村忠宏《のむらただひろ》に次いで2人目、日本人女子選手としては、はじめてとなる、同一競技におけるオリンピック3連覇《れんぱ》をなしとげた。
実はこのとき、馨《かおり》は大ケガにみまわれていた。
本番４日前の練習中に、左足のじん帯が断裂《だんれつ》してしまったのだ。
１人では歩くことができず、選手村まで背負ってもらって帰ったほどの重傷だった。
それでも、現地に応援《おうえん》に来ていた千春《ちはる》に、弱音をもらさなかった。
痛み止めの注射を打ち、患部《かんぶ》にテーピングをする。
痛がるそぶりを見せることなく試合に出場したのだった。

## 敗戦が４連覇《れんぱ》につながった

無敵をほこった馨《かおり》。
だが、オリンピックイヤーの２０１６年1月。
国際大会でモンゴルのオーコン・プレブドルジに敗れる。
連勝が「１８９」でとぎれてしまった。
13年ぶりの敗北……。

しかも０－10のテクニカルフォール負けという一方的な内容に、周囲からは心配の声が上がった。

だが馨《かおり》は言った。

「相手が強かったというより、自分が弱かった。自分を見つめ直す、いい勉強ができた」

常に進化をもとめる。

きびしい課題を自分にかし、乗りこえる。

今回の敗戦をきっかけに攻撃《こうげき》面を見直したことが、リオ大会での４連覇《れんぱ》につながったのだ。

## 東京大会への意欲

リオ大会を終えた馨《かおり》は、一時期、競技をはなれて休養する。

２０２０年東京大会への出場、そしてオリンピック５連覇《れんぱ》をめざし、本格的な練習を再開した。

だが、おしくも代表入りはならなかった。

「選手・指導者として、レスリングがより魅力《みりょく》ある競技として発展していけるよう、今後とも力をつくしていきたい」

そうコメントし、これからもレスリングに関わりつづける強い覚悟《かくご》をみせた。

## 次世代を照らす光に

「伊調《いちょう》さんのような選手になりたい」

「いつか伊調《いちょう》選手をたおしたい」

そんなあこがれを持った次世代の選手たちが、続々と育ってきている。

馨《かおり》との代表選考プレーオフを制し、2019年9月の世界選手権で優勝して東京オリンピック代表に内定した川井梨紗子《かわいりさこ》も、その1人だ。

伊調馨《いちょうかおり》が打ち立てた、前人未踏《ぜんじんみとう》の「オリンピック4連覇《れんぱ》」という栄光の記録。

さんぜんとかがやきつづけているだけではない。

日本の、そして世界の女子レスリングをさらにレベルアップさせる、未来を照らす

## 伊調馨

光となっているのだ。

【参考文献】

『決定版　夢をそだてるスポーツ感動名場面101』（講談社）2008
『心にのこるオリンピック・パラリンピックの読みもの　2』（学校図書）2016
『リオデジャネイロオリンピック2016 報道写真集』（共同通信社）2016
『リオデジャネイロオリンピック日本選手団　日本オリンピック委員会 公式写真集2016』（アフロ（監修／日本オリンピック委員会））2016
『なぜ日本の女子レスリングは強くなったのか 吉田沙保里と伊調馨』布施鋼治（双葉社）2017
『チームでつかんだ栄光のメダル 女子レスリング 吉田・伊調・登坂・土性・川井』本郷陽二（汐文社）2017

[編著]

**大野益弘**（おおの・ますひろ）

ノンフィクションライター・編集者。株式会社ジャニス代表。日本オリンピック・アカデミー理事。日本スポーツ芸術協会理事。福武書店（現ベネッセ）などを経て編集プロダクションを設立。筑波大学大学院終了。著書に『オリンピック　ヒーローたちの物語』（ポプラ社）など多数。

[執筆]

**美甘玲美**（みかも・れみ）

筑波大学大学院人間総合科学研究科スポーツ健康システム・マネジメント専攻修了。日本オリンピック・アカデミー会員。スポーツ・旅行系出版社、シンガポール邦字紙等を経て、フリーライターとして執筆活動中。

[執筆]

**宮嶋幸子**（みやじま・さちこ）

横浜市立大学卒業。三起商行（ミキハウス）に入社し、月刊誌や絵本の出版に携わる。その後、編集プロダクションで取材・執筆のノウハウを学び、2001年よりフリーライターとして活動。企業広報誌等に執筆多数。

ブックデザイン　小口翔平＋喜來詩織（tobufune）

10分で読める
オリンピック・パラリンピック物語1

# 世界の頂点

2020年3月15日　第1版 発行

編　著　大野益弘
執　筆　美甘玲美　宮嶋幸子
写　真　フォート・キシモト
発行者　岡本光晴
発行所　株式会社あかね書房
〒101-0065　東京都千代田区西神田3-2-1
電　話　営業（03）3263-0641　編集（03）3263-0644
印刷所　中央精版印刷株式会社
製本所　株式会社難波製本

NDC916　199ページ　22×16cm

ISBN 978-4-251-09604-3

https//www.akaneshobo.co.jp

10分で読める
オリンピック・パラリンピック物語

## 世界の頂点

羽生結弦［フィギュアスケート］／長野冬季大会 スキージャンプ団体［スキージャンプ］／高橋尚子［マラソン］／北島康介［競泳］／ビキラ・アベベ［マラソン］／アントン・ヘーシンク［柔道］／カール・ルイス［陸上競技］／ウサイン・ボルト［陸上競技］／国枝慎吾［車いすテニス］／伊調馨［レスリング］

## 永遠の友情

内村航平［体操］／京谷和幸［車いすバスケットボール］／チーム朝原［陸上競技］／リオ大会 卓球日本女子チーム［卓球］／上野由岐子［ソフトボール］／東洋の魔女［バレーボール］／なでしこジャパン［サッカー］／平昌大会 カーリング女子［カーリング］／平昌大会 パシュート日本女子［スピードスケート］／アテネ大会 体操男子日本チーム［体操］

## 譲れぬ激闘

吉田沙保里［レスリング］／谷（田村）亮子［柔道］／葛西紀明［スキージャンプ］／水谷隼［卓球］／平野歩夢［スノーボード］／成田真由美［パラ水泳］／橋本聖子［スピードスケート・自転車］／羽根田卓也［カヌー］／前畑秀子［競泳］／人見絹枝［陸上競技］

## 信頼と情熱

リオ大会 男子リレーチーム［陸上競技］／デューク・カハナモク［競泳］／小平奈緒とイ・サンファ［スピードスケート］／高橋礼華と松友美佐紀［バドミントン］／上村愛子［スキー］／西方仁也と24人のテストジャンパー［スキージャンプ］／土田和歌子［車いすマラソン］／ミュンヘン大会 男子バレーボール［バレーボール］／西田修平と大江季雄［陸上競技］／西竹一［馬術］

## 絶望と復活

瀬戸大也と萩野公介［競泳］／浅田真央［フィギュアスケート］／ジム・ソープ［陸上競技］／古橋廣之進［競泳］／円谷幸吉［マラソン］／佐藤真海［パラ陸上］／山下泰裕［柔道］／ベラ・チャスラフスカ［体操］／ジェシー・オーエンス［陸上競技］／金栗四三［マラソン］